Peter Stiegnitz/Heimat zum Nulltarif

Peter Stiegnitz

Heimat zum Nulltarif

Eine Recherche

EDITION VA BENE

Die Deutsche Bibliothek – CIP-Einheitsaufnahme

Stiegnitz, Peter:
Heimat zum Nulltarif : eine Recherche / Peter Stiegnitz. –

Wien ; Klosterneuburg : EDITION VA BENE, 2000.

ISBN 3-85167-096-5

E-mail: edition@vabene.at
Homepage: http://www.vabene.at

Umschlaggestaltung: Brigitte Schwaiger, Wien
Repro: Theiss Druck, Wolfsberg
Satz und Druckvorlage: Mag. Franz Stadler, Wien
Produktion: Die Druckdenker GmbH, Wien

Printed in Austria

ISBN 3-85167-096-5

Inhalt

V. Gedanken

VI. Migration in Geschichte und Gegenwart

Vorwort

Noch vor Beginn dieses neuen Jahrtausends wurden die politischen Landesgrenzen innerhalb der Staaten der Europäischen Gemeinschaft für den freien Personen- und Warenverkehr geöffnet. Arbeitssuchende aus bestimmten Teilnehmerstaaten dieser EU, aus sogenannten Drittländern, und Wirtschaftsflüchtlinge sowie Asylsuchende strömen seither in unsere (derzeit noch) reichen Industrieländer. Eine neue Völkerwanderung und Umverteilung von Lohn und Arbeit als gewaltige Herausforderungen für den globalen Frieden haben bereits begonnen. So verlagern nicht wenige Unternehmen aus unseren Hochlohn-Gemeinschaften ihre Produktionen in steuergünstigere Niedriglohn-Gebiete, liquidieren ihre „heimischen" Standorte ganz oder teilweise, schaffen höhere inländische Arbeitslosenquoten und verändern so auch Infrastrukturen. Billigere portugiesische Bauarbeiter machen etwa hunderttausend tariflich teurere Berliner Kollegen im Raum der Deutschen Bundeshauptstadt arbeitslos. Hochwertiger Bayerischer Marmor oder Granit werden als „faschistoides" Gestein zum Bau des Deutschen Reichstagsgeländes in der Bundeshauptstadt verworfen. Den Zuschlag erhält französisches, minderwertigeres „schuldloses" Material ... Salzburger kaufen über der Grenze im billigeren Bayern ein. Waldviertler tanken, speisen und kuren in Böhmen oder Ungarn. Im Westen Deutschlands importiert man (auch deutsche) Autos aus dem preisgünstigeren Belgien. Wiener mittelständische Unternehmen müssen seit dem Beitritt Österreichs zur EU internationalen Markennamen weichen, und etwa siebentausendfünfhundert Opernsänger und -sängerinnen sind alleine in Deutschland ohne Beschäftigung. Dabei werden täglich ausländische Kolleginnen und Kollegen engagiert. Nur aus dem Osten sind sie anfänglich noch billiger ... Wer dieses Problem (politisch unkorrekt) anspricht, wird mit der Faschismuskeule zum Deutschnationalen gestempelt. Die persönlichen und beruflichen Konsequenzen liegen auf der Hand!

Der Berliner Bauarbeiter, der Tankstellenpächter, Restaurant- oder Hotelbesitzer entlang der böhmischen oder ungarischen Grenze, der deutsche Autohändler in Düsseldorf oder der arbeitslose „einheimische" Opernsänger etc. sind die Verlierer bei dieser Deregulierung. Die soziale Angst und Unzufriedenheit äußern sich leider immer mehr in Fremdenhaß. Zweiunddreißig Prozent der Befragten in der Bundesrepublik würden eine Partei wie die FPÖ in Österreich wählen ...

Und der Wiener Soziologe Prof. Dr. Peter Stiegnitz schreibt erneut ein kluges Buch, diesmal über den differenzierten Migrationswillen einzelner Zuwanderergruppen und die Möglichkeiten einer Akzeptanz dieser (noch) „Fremden" bei der „alteingesessenen" Bevölkerung.

Integration, nicht Assimilation, ist das Rezept und will damit dem Frieden dienen. Ein schweres Unterfangen angesichts drohendem größeren sozialen Unfriedens in unseren (noch) Hochlohn-Staaten. Wer sich wie Peter Stiegnitz für den Frieden entscheidet, muß das konformistisch-verlogene Terrain der politischen Korrektheit verlassen. Dort werden nämlich Ursachen weder angesprochen, noch therapiert und daher auch Auswirkungen nicht verhindert. Deregulierung bei fortschreitender Globalisierung plus ständig drohender Faschismuskeule wirken als „Umwegausländerfeindlichkeit" kontraproduktiv.

Ähnliches gilt für alle philosemitischen Aktivitäten. Auch diese erreichen in Form von „Umwegantisemitismus" genau das Gegenteil ihrer Wünsche. Wer sich für den Frieden entscheidet, der muß eine „Heimat" in einem Staatsgebilde wählen, welche gleichsam einem Mosaik aus vielen Kulturen ähnelt. Individuen und Gruppen fühlen sich dabei ihrer eigenen, aus der „Fremde" mitgebrachten Kultur etc. und in Doppeloyalität auch derjenigen des Gastlandes, der neuen „Heimat" gegenüber freiwillig verpflichtet. Gäste haben Pflichten und Rechte, sagt Stiegnitz, und Inländer haben genau umgekehrt Rechte und Pflichten.

Zur friedlichen Koexistenz aller brauchen wir eine Art Renaissance eines humanistischen Denkens. Nur durch Bildung – und emotionale Bildung – sollten wir zu Sensibilität und Toleranz gelangen, also zu mehr Verständnis für einander. Nur so werden wir Andersartigkeiten in unserer Mitte akzeptieren, und Minderheiten werden sich nicht assimilieren müssen! Dann können aus Fremden Bekannte und Freunde mit uns „heimisch" werden ... Eine andere Lösung zum Aufbau friedlicher demokratischer Lebensgemeinschaften kann ich mir nicht vorstellen.

Bernd Weikl

I. Die Wiener „Telefonbuch-Gesellschaft“

1. Böhmische Enkel gegen „Ostflüchtlinge“

„Schmelztiegel Wien“ – diese historische Tatsache schuf für zahlreiche Nord- und Südslawen, aber auch für Magyaren in der Haupt- und Residenzstadt eine neue Heimat und sicherte dadurch nicht nur die meisten Wiener Hausmeisterposten, sondern puschte die Stadt in internationale Kulturhöhen. Diese heute noch leicht nachvollziehbare Wiener „Telefonbuch-Gesellschaft“, da man in diesen dicken Büchern (mit wenig Handlung und vielen Mitwirkenden) jetzt noch kaum deutsch-keltisch-teutonische Namen, dafür umso mehr Wobratschals, Hudals und Kovács findet, wird auch als Argumentation links und rechts der politischen Mitte gehörig mißbraucht.

Während die „Linken“ – heute mehr grün als rot, mehr katholisch als sozialdemokratisch – diese „Telefonbuchgesellschaft“ als multikulturelle „Naschmarkt“-Gemeinschaft mißdeuten und -brauchen und die Staatsgrenzen Richtung Osten und Südosten weit öffnen möchten, wollen die „Rechten“ eine neuausbrechende „Türken-Gefahr“ heraufbeschwören.

Karl Farkas, der legendäre Wiener Kabarettist, dessen unmittelbare Ahnen noch Budapester Kaffeehaustische besetzten und bewachten, würde jetzt sagen: „Schauen Sie sich das an …“

Gut, schauen wir uns zunächst die „linken“ Argumente an: Die meisten Zuwanderer nach Wien beherrschten weder sich, noch die deutsche Sprache, und so schlugen radebrechende „Ausländer“ ihre Nachbarn oder, in Ermangelung derselben, die eigene Familie krankenhausreif. Bei meist schlecht bezahlter, dreckiger Arbeit erlernten sie, wenn auch „böhmakelnd“, die deutsche Sprache und mußten ihre Kinder – anders als zu Hause – nicht in die Fabrik, sondern in die Schule schicken, wo aus ihnen „gute Wiener“ wurden, die erst nach 1938 von „slawischen Untermenschen“ faselten. Die Integration dieser „unteren“ Schichten vollzog sich innerhalb zweier Generationen und ihre (z. B. in Oberösterreich lebenden) Enkelkinder fuhren nach 1990 von Linz nach Krumau „Böhm-Schauen".

Die Integrationsbereitschaft der böhmischen und mährischen Ziegeleiarbeiter zeigte bald reife, wenn auch keine „reichen" Früchte. Die erste (zugewanderte) Generation suchte und fand Schutz unter dem Doppeladler, die zweite zunächst unter der roten und später unter der braunen Fahne und die dritte jammert gegen die „Ostflüchtlinge".

Bedeutend leichter vollzogen Angehörige der so genannten „A-Schicht" den Integrationsprozeß; bereits die erste Generation bekannte sich voll und ganz zu Österreich und behielt ausschließlich, wenn auch ungewollt ihren Akzent.

Daher unsere Antwort auf den „linken" Grenzöffnungswunsch: Ja, aber nur für integrationswillige und anpassungsbereite „Ausländer", aus welchem Erdteil der Welt sie auch kommen, gibt es in Österreich auch außerhalb der Flüchtlingslager Platz. Oder anders, etwas brutaler formuliert: Kulturauffrischung (wir wollen den faschistoiden Begriff der „Blutauffrischung" aus Höflichkeitsgründen meiden): JA, kulturelle „Fremdkörper": NEIN.

Relativ leicht können wir die „rechte", faschistisch-rassistische Argumentation zerpflücken: Nicht die Abstammung eines Menschen, sondern seine inneren Werte, seine Anpassungsbereitschaft, seine Kultur sind entscheidend. „Reinrassige" Hunde, wie ebensolche Herrscherhäuser verblöden; wer die „Rasse" schützt und diese „reinhalten" will, der kann sich ruhigen Herzens auch von seinen letzten Gehirnganglien verabschieden.

Bevor wir uns etwas ausführlicher mit einzelnen Maßnahmen des Integrationsprozesses, die nach Möglichkeit zu einer Anpassung führen, beschäftigen, werfen wir noch einen kurzen Blick in das Endprodukt dieser Entwicklung, mit allen ihren – psychologisch durchaus verständlichen – Widersprüchen.

Milo Dor, der (zufällig) in Budapest geborene Serbe, gehört heute zur Elite österreichischer Schriftsteller, der trotzdem – in Anbetracht der verlogenen „politischen Korrektheit" – Angst vor dem Bekenntnis zur österreichischen Heimat hat: „Ich bin Altösterreicher, ich fühle mich nicht serbisch, nicht österreichisch, sondern europäisch."[1] Daß es keine (gesamt-) europäische Kultur, geschweige denn Sprache gibt, genau das sollte ein feinnerviger Künstler, wie Milo Dor es ist, wissen. Aber es gehört zum guten (ich darf genüßlich wiederholen: verlogenen) Ton der linksliberalen Intelligenzija, den Begriff „Heimat" überhaupt zu leugnen, oder diesen in nichtssagende Sphären auszuweiten und aufzuweichen.

Erst der Kosovo-Krieg im Frühjahr 1999 zeigte auch für die in Wien lebenden (Ex-)Serben, wie gut es ist, weit weg von der Altheimat zu leben. „Was in meiner Heimat geschieht, ist Wahnsinn. Anders kann ich es nicht nennen ..."[2] distanziert sich geschickt der in Wien lebende Box-Weltmeister Edip Sepovic und legt schnell einen Beweis seiner Toleranz vor: „Viele meiner Freunde sind von dort (gemeint Kosovo), auch sie begreifen nicht, warum es diese schrecklichen Konflikte gibt. Ich bin in Novi Pazar aufgewachsen, und wer welchem Volk zugehört, ist völlig egal gewesen."

Der heute 42jährige „Stier von Serbien", wie er im Boxring genannt wird, vergißt dabei auf die einfache Tatsache, daß er im (diktatorischen) Tito-System geboren wurde und aufgewachsen ist. Wie einst die (demokratische) k. u. k.-Monarchie die nationalen Auseinandersetzungen minimierte und die Integrationsfigur des „Kaisers" zur Verfügung stellte, so sorgte auch Tito für ein, wenn auch kommunistisches „Jugoslawien-Bekenntnis" und für Frieden, Sicherheit und Zusammenhalt.

Die leichteste Form der zentralen Kraft der Integration ist die Diktatur; wie einst Jugoslawien und die Sowjetunion, so können auch die Völker und Nationen Chinas nur unter dem gemeinsamen Druck zusammenleben. Oder: Erst nach dem Abzug der Engländer begannen Inder und Pakistani – auch außerhalb Kaschmirs – sich gegenseitig umzubringen.

Die Integration der in Wien lebenden Serben ist alles andere als leicht. Selbst Milo Dor muß die (nationale) Flucht nach Europa antreten. Noch schwerer hat es z. B. der serbische Rapid-Fußballer Ivan Azic, der sein T-Shirt („I love YU“) im Klubhaus ausziehen mußte. Hier klingt das antiserbische Monarchie-Erbe („Serbien muß sterbien!“) immer noch durch.

In Österreich leben rund 300.000 Serben, die Hälfte davon in Wien. „Wien war immer eine Stadt, wo Serben waren, es ist unsere zweite Stadt, was Kultur und Politik betrifft. In der Geschichte hat sich hier viel entschieden“ – so Milorad Mateovic, Obmann des Serbischen Zentrums in Wien.[3]

Die Integration der in Wien lebenden Serben erlitt während des Kosovo-Krieges empfindliche Risse. Obwohl die ca. 20 serbischen Kultur- und Sportvereine durch den äußeren Druck schnell zusammenfanden, nahmen nie mehr als höchstens 1000 Serben an den Demonstrationen („Stoppt! die NATO AGGRESSION“, stand recht ungelenk auf ihren Protesttafeln) teil. Serben wurden auf ihrem Arbeitsplatz plötzlich weder gegrüßt, noch angesprochen. Die einseitige, meist serbenfeindliche und UCK-freundliche öffentliche und veröffentlichte Meinung in Österreich hat der Integration der Serben sehr viel geschadet.

AKZEPTANZ: NICHT GLEICHBERECHTIGT

Die schnellste und leichteste Integration – in Geschichte und Gegenwart – durchliefen die Ungarn in Österreich. Sie sind das klassische Beispiel einer optimalen, gutvollzogenen Integration, an deren Anfang die Anpassungsbereitschaft und am Ende die (angenommenen) Integrationsmöglichkeiten stehen.

Glücklicherweise – und damit geben auch wir einer linksliberalen Auflockerung Platz und Berechtigung – ist der „Heimat“-Begriff nichts Statisches, Unverrückbares mehr. „Man kann überall auf der Welt zu Hause sein“, so der aus China nach Kärnten emigrierte Künstler Shaoxiang Wu.[4] Und dann kommt die wohl wichtigste Erkenntnis der Integration: „... wenn man sich gegenseitig respektiert.“ „Respektieren“ ist allerdings nur der Anfang, der erste Schritt zur Integration, wobei bereits in diesem Stadium das Kennen, das Anerkennen und die Einübung der „fremden“ Sitten notwendig sind.

Ehrlich und offen zugegeben: Die gegenseitige Akzeptanz ist weder eine Einbahnstraße, noch (leider?) eine gleichwertige und -berechtigte Wechselwirkung. Immer muß der Gekommene, der „Gast“, der bleiben will, sich an die Sitten und Normen der (immer schon?) Daseienden, zumindest nach außen hin, anpassen. Und erst dann ist er berechtigt, die gegenseitige Akzeptanz seiner mitgebrachten Kultur einzufordern.

„Ich bin ein Klagenfurter“, behauptet der aus der Türkei stammende ehemalige Marmeladefabrikant und jetzige Gastwirt (pardon: Spezialitätenrestaurantinhaber) Celal Yiginer. „Und beim Genuß der osmanischen Küche findet das, was Erwin Ringel einmal die von Grenztraumen zerrissene ‚Kärntner Seele‘ genannt hat, einen Ort der Entspannung.“[5]

Die meisten in Österreich lebenden Türken, durchwegs Angehörige unterer sozialer Schichten, bekennen sich, im Gegensatz zu dem Kärntner Wirt, eher selten zu ihrer „neuen Heimat“, die keine für sie geworden ist.

Anders verläuft die Integration des türkischen „Todfeindes“, der Griechen, in Österreich: vor allem in Wien, wo ihre Gemeinde fast 6000 Personen umfaßt. Genau wie die Ungarn leben auch Griechen seit alten Zeiten in Wien: Im Jahre 1194 kamen die ersten Griechen (damals noch Byzantiner) in Gefolgschaft von Theodora Komnena, Gattin von

Herzog Heinrich Jasomirgott, nach Wien – und blieben seither hier.

Wie die Türken, Italiener und Chinesen, so verlegten sich in Wien auch so manche Griechen auf Küche und Kulinaria; so auch der Vizepräsident der „Griechischen Gesellschaft in Österreich", Panos Tsatsaris, Chef des Restaurants „Der Grieche" in der Wiener Barnabitengasse. Auf die Frage eines Journalisten, wie es ihm in Österreich gefalle, kommt die einzige richtige Antwort: „Wir haben uns eben gut angepaßt."[6] Die Tochter des „Rapid"-Anhängers Tsatsaris kennt, wenn auch schmunzelnd, auch die „Nachteile" dieser völligen Anpassung: „Bis ich zwölf Jahre alt war, bin ich zu jedem Rapid-Spiel mitgegangen. Ich war fast schon ein Maskottchen."

„BURGTHEATERDEUTSCH": WEDER DIE TÜRKEN, NOCH DIE BEAMTEN

Die Integration ist kein Geschenk des Himmels – und auch nicht der Behörden, die einem „Neu-Österreicher" die Staatsbürgerschaft verleihen. Dementsprechend sieht das neue Staatsbürgerschaftsgesetz folgende richtungsweisenden Bestimmungen vor:

- Ein Sprachzeugnis oder ein Gespräch mit einem Beamten soll die Sprachkenntnisse der Migranten bezeugen. Allerdings: Von einem Hilfsarbeiter aus Ostanatolien wird kein „Burgtheaterdeutsch" erwartet; leider auch nicht vom prüfenden Beamten.
- Erst ab 30 Jahren Aufenthalt in Österreich besteht ein Rechtsanspruch auf die Staatsbürgerschaft. Im Falle einer besonders „starken Integration" (allerdings: wer bestimmt die jeweilige „Stärke"?) kann dieser Rechtsanspruch bereits nach 15 Jahren geltend gemacht werden.
- Nach zehn Jahren „Hauptwohnsitz" kann die österreichische Staatsbürgerschaft verliehen werden.

• Nach wie vor werden auch „vorzeitige Einbürgerungen" in Betracht gezogen; die können nach bereits vier Jahren Österreich-Aufenthalt beansprucht werden. Hier denkt der Gesetzgeber an „zu erwartende Leistungen auf wissenschaftlichem, wirtschaftlichem künstlerischem oder sportlichem Gebiet"[7]. In diese, allerdings nur zeitliche Kategorie (nach vier Jahren) fallen noch Geburten in Österreich, anerkannte Flüchtlings- und EWR-Bürger.

• Die Bundesregierung kann – bei „außerordentlichen Leistungen" – alle Fristregelungen außer Kraft setzen und in solchen Fällen die Staatsbürgerschaft sofort verleihen. Allerdings: Sportler, die über keine Sprachkenntnisse verfügen und auch sonst keinen Integrationserfolg zeigen, fallen nicht in diese Regelung. Eine gewisse intellektuelle Fähigkeit muß auch von Sportlern gefordert werden; zumindest wenn sie die österreichische Staatsbürgerschaft anstreben.

• Kriminell gewordene Ausländer mit einer mehr als dreimonatigen unbedingten Haftstrafe müssen ihre alte Staatsangehörigkeit behalten.

• Die Doppelstaatsbürgerschaft wird in Österreich immer noch ungern gesehen und nur in seltenen, in Ausnahmefällen genehmigt. Eine diesbezügliche Europaratkonvention, die auf eine Erleichterung der Doppelstaatsbürgerschaft hinzielt, wird in Österreich (hoffentlich!) nicht angewendet.

Trotz der verschärften Einbürgerungsbestimmungen werden in Wien jährlich 9.000 bis 10.000 Menschen eingebürgert. Die ab nun geltenden „Deutschprüfungen" werden die Zahl der Einbürgerungen, so die Integrationsstadträtin Renate Brauner, sicherlich nicht verkleinern. Interessant in diesem Zusammenhang ist die offene und ehrliche Meinung eines Iraners: „Irgendwann muß man sich zu dem Land bekennen, in dem man lebt. Wenn ich Österreicher bin, wird mir das Sauerkraut auch nicht besser schmecken als jetzt. Aber Deutsch zu können, gehört zur Integration." (Veröffentlicht in „Die Presse", 10. 4. 1999.)

Auch die besten Gesetze können die Integration höchstens unmittelbar, z. B. durch die Motivation zu Sprachkursen, beeinflussen. Die Gestaltung erfolgt „unten", wo die Menschen leben; selten mit-, oft gegeneinander. Wie in Parkanlagen des 15. Wiener Gemeindebezirkes. Hier, in Rudolfsheim-Fünfhaus, beträgt der Ausländeranteil 35 Prozent, mehr als dreimal so viel wie der gesamtösterreichische Durchschnitt. Während so genannte Streetworker und Mitarbeiter der Vereine „Kids company" und „Echo" die Interessen der (Ausländer-)Kinder wahrzunehmen versuchen, sorgen hier Parkwächter des Wiener Bewachungsunternehmens Siegfried Frisch für die Beruhigung der wenigen älteren Wiener, die sich in diesen Parks zu sitzen getrauen. Bezirksvorsteher Rolf Huber schätzt die Arbeit der von ihm betreuten Parkwächter: „Die Parkbetreuer tragen dazu bei, Konflikte von vornherein zu vermeiden, während die Wachleute dort einschreiten, wo Grenzen überschritten werden. Das ist eine perfekte Arbeitsteilung."[9] (Die „Wachleute" sind die Polizisten).

Natürlich werden diese Aktionen von den Linken mit scheelen Augen betrachtet. „Wenn jemand in Uniform zu einem sagt, man darf seinen Kaugummi hier nicht ausspukken, dann fühlt man sich eingeengt, beobachtet und bevormundet – und wenn man 15 ist, dann erst recht."[10] – so die SP-Bezirksrätin Claudia Laschen. Obwohl Claudia Laschen offen zugibt, daß es „in den Parks überdurchschnittlich viele verhaltensauffällige Jugendliche gibt", spricht sich die „rote" Bezirkspolitikerin gegen „Verbote und Strafen" aus. Und dann die Schlußforderung, mit der viele treue SP-Wähler in die Arme der Freiheitlichen getrieben werden: „Ich betrachte das Ganze eher als psychologische Maßnahme für ältere Menschen. Die fühlen sich vielleicht sicherer, wenn hier Parkwächter herumspazieren, aber ich glaube nicht, daß das wirklich etwas bringt." – Außer: Wählerstimmen für die FPÖ.

Gute, weil ehrliche Arbeit im Interesse einer freiwilligen Integration leistet der Wiener Verein „Echo", der 1993 von dem aus der Türkei stammenden Sozialarbeiter Bülent Öztoplu ins Leben gerufen wurde. Die „Echo"-Aktivitäten konzentrieren sich richtigerweise auf die zweite Migranten-Generation. Immerhin: Im Verein und in der gleichnamigen Zeitung herum sind rund 100 Jugendliche aus 20 Nationen tätig. Erfreulicherweise arbeiten auch zehn Prozent Inländern mit.

Neben einer Parkbetreuung der „Echoten" – die meisten Wiener Kommunalkonflikte spielen sich immer noch in den Parkanlagen ab – werden Tanz-, Theater- und Musikveranstaltungen mit viel Erfolg organisiert. Ein 17jähriger HTL-Schüler, dessen Eltern aus der Türkei nach Wien kamen, resümiert gescheit und folgerichtig: „Bei ‚Echo' treffen sich junge Leute, um etwas Sinnvolles zu tun, anstatt herumzuhängen und sich zu betrinken – das ist gut."[11]

Die tatsächlichen und auch nachhaltigen Integrationsbemühungen können nur bei jungen Menschen, die zumindest der berühmten „Zweiten Generation" angehören, angesetzt werden. Die wichtigste Garantie einer vollzogenen Integration – die so genannten „Mischehen" – bei Migranten aus der Türkei, im Gegensatz zu solchen aus Exjugoslawien, ist relativ gering. Noch schwieriger und aussichtsloser ist die kulturelle Anpassung der Türken der „Ersten Generation", die auch nach 30 Jahren in Österreich immer noch in ihren (freiwilligen) Ghettos leben. Allein in Wien leben fast 50.000, nur zum Teil anpassungs- und integrationswillige Menschen über 50.

Die Integration der ersten türkischen Generation schlug so gut wie gänzlich fehl. Da sie meist aus bäuerlichen Umgebungen Anatoliens, aber auch aus eher einfachen Schichten aus der Istanbuler Gegend nach Österreich kamen, sind sie – obwohl im Besitz der österreichischen Staatsbürgerschaft, die sie noch vor den jetzt geltenden strengeren Bestimmungen erhielten – selbst nach 25 bis 30 Jahren Aufenthalt in Österreich kaum in der Lage, ein Formular auszufüllen. Ihnen zu helfen, haben die Wiener „Grünen“ das so genannte „URBAN-Projekt Senior Plus“, dessen Namen die wenigsten zu Betreuenden verstehen, gegründet.

Die naive, wenn auch gut gemeinte Hilfe des „URBAN“-Projektes entbehrt jedwede psychologische Grundlage. Das beweist auch Alexandra Grasl, Projekt-Mitarbeiterin: „Weil sie (ältere Ausländer) ursprünglich vorhatten, in die Heimat zurückzukehren, behielten die meisten MigrantInnen der ersten Generation ihre alte Staatsbürgerschaft.“[12] Menschen, die auch nach zwei, drei Jahrzehnten immer noch darüber im unklaren sind, ob sie bleiben oder heimkehren wollen, zeigen – genau genommen – eine Null-Integrationsbereitschaft. Es wäre gescheiter, diese Menschen – und zwar rechtzeitig – nicht nur über ihre sozialversicherungsmäßigen Rechte, die sie meist sehr gut kennen, sondern über die Folgen ihrer Absichten (des Bleibens oder des Gehens) aufzuklären. Aber so weit denken die grünen „Xenophilotiker“ (Fremdliebende) offensichtlich nicht.

Eine interessante Studie über die Lebenssituation älterer Migranten haben die Mitarbeiter des „URBAN-Projektes“ erstellt. Bereits die demographische Ausgangssituation ist nicht besorgniserregend: Während der Anteil der einheimischen Senioren (über 60) 23,3 Prozent beträgt, werden erst 5,9 Prozent Gleichaltrige unter den Ausländern gezählt. Eines stimmt: „Die Lebenssituation der älteren Migranten ist von einer insgesamt niedrigen Lebensqualität geprägt. Traditionelle Wohnbezirke der Zuwanderer sind weite Teile des 15., 16. und 17. Bezirks sowie die gürtelnahen Zonen des 6., 7., 8. und 12. Bezirks. Beengte Wohnverhältnisse in strukturell benachteiligter Wohnumgebung gehören hier zum Alltag – übrigens nicht nur für Migranten“, liest man in der „Wiener Zeitung“. Und weiter: „Auf dem Arbeitsmarkt und in der Gesellschaft finden sich ältere Zuwanderer oft in

Randpositionen wieder. Körperlich schwere und niedrigentlohnte Arbeit und fehlende Kommunikation durch mangelnde Sprachkenntnisse kennzeichnen die Situation vieler Migranten."[13]

Die Studienautoren vergaßen leider auf die einfache Tatsache, daß die heutigen Ausländer-Senioren als junge Menschen, denen von Anfang an z. B. Sprachkurse zur Verfügung standen, meist vor Jahrzehnten nach Österreich kamen.

Trotz aller ideologischen Einschränkungen zeigt die Studie auch erfreulich-objektive Erkenntnisse: Zwei Drittel der ausländischen Senioren fühlen sich in Österreich wohl und haben – trotzdem – die Bindung zum Herkunftsland nicht abgebrochen: je 29 Prozent der Befragten wollen endgültig in Österreich bleiben bzw. „pendeln", und 22 Prozent wollen heimkehren. Etwas weniger als die Hälfte (42 %) macht sich Sorgen um ihre Absicherung im Alter.

Außerhalb jedweder ideologischer Einseitigkeit unnützer Auseinandersetzungen steht der Wiener Integrationsfonds, vor allem seit der „links-idealistische" Geschäftsführer Max Koch, der sich immer schon mehr für Politik als für Integrationsarbeiten zu interessieren schien, dort nicht mehr „tätig" ist. Das bestätigte auch Koch-Nachfolger Hannes Seitner, der sich „im Gegensatz zu seinem Vorgänger Max Koch … erst gar nicht in die Politik einmischen … will."[14]

Zu den wichtigsten Aufgaben des Wiener Integrationsfonds gehört auch die Unterstützung der verschiedenen, zum Großteil aktiven Zuwandererbeiräte. Während die Gemeinderäte Marco Smoliner (Liberales Forum) und Maria Vassilakou (Die Grünen) mit der Fondsarbeit angeblich unzufrieden sind, setzen sich die Mitarbeiter des Integrationsfonds vor allem in den örtlichen Konfliktbereinigungen recht erfolgreich durch.

Zu den wohl wichtigsten Aufgaben der Soziologie gehört, die für die Politik brauchbaren Instrumente zu erarbeiten. Deshalb sollte die Migrationssoziologie anwendbare und zielführende Grundlagen für einschlägige Maßnahmen der Migrationspolitik liefern. Beratend für Integrations- und Migrationspolitik sollten natürlich nicht nur die Soziologen, sondern auch große gesellschaftliche Institutionen, wie z. B. die Katholische Kirche, wirken. Abgesehen von der wertvollen, wenn auch einseitigen Arbeit der Caritas socialis, da hier die Interessen der Inländer nur selten beachtet werden, ist vor allem die Meinung des katholischen Oberhauptes, Kardinal Christoph Schönborn, von großer Bedeutung: „Der Katechismus formuliert sehr klar: Es gibt nicht nur Rechte, sondern auch Pflichten der Immigranten – sich den kulturellen Voraussetzungen des Gastlandes bis zu einem gewissen Grad anzupassen.“[15]

Die in Frage geformte Gegendarstellung des Interviewers auf die Meinung des Kardinals („Das heißt, Sie setzen im Disput Multikulturalität versus Assimilation den Akzent auf Assimilation?“) berücksichtigt die neuesten Erkenntnisse der Migrationssoziologie nicht: gegen Assimilation und für Anpassung. Seit dem Holocaust, als die Assimilation zwar oft das Leben, doch nicht die bürgerliche Sicherheit der Juden retten konnte, halten wir in demokratischen Gesellschaften nicht sonderlich viel von der „Assimilation“, von der gänzlichen Aufgabe der eigenen, mitgebrachten Kultur.

Der optimale Ausweg aus dem „Ausländer“-Dilemma – und das kann man nicht oft genug betonen – wurzelt in der Doppel-Loyalität der Anpassung nach außen und der Beibehaltung der eigenen Kultur nach innen. Wer die Kultur des Gastlandes bereichern will, der muß diese zuerst kennen und befolgen.

Neben der nach innen geschlossenen Großfamilie ist der Islam der Hauptgrund mangelnder Anpassungsbereitschaft der Türken (auch) in Österreich. Bereits die religionspolitische Voraussetzung gegenseitiger Akzeptanz fehlt. Dazu Kardinal Schönborn: „Wenn es bei uns eine Selbstverständlichkeit ist, daß unsere muslimischen Mitbürger ihre Moscheen bauen dürfen, dann muß es auch selbstverständlich sein, daß in mehrheitlich islamischen Ländern die Christen Lebensrecht und Religionsfreiheit haben."[16] Dieses „Lebensrecht" ist allerdings in fast allen islamischen Ländern keine Selbstverständlichkeit.

Islam, als vollanerkannte Religionsgemeinschaft, ist heute die – nach der Katholischen Kirche – zweitgrößte Religion in Österreich, wo mehr Muslime als Protestanten leben. In gastarbeiterstarken Wiener Volksschulen bekennen sich rund 70 Prozent der Schüler zum Islam. In der Globalität entwurzelte Menschen – und dazu gehören viele Mitglieder der zweiten türkischen Generation, die weder in der Türkei ihre „alte" Heimat haben, noch in Österreich eine „neue" gefunden haben – flüchten in kultische Ersatzhandlungen. Eine der besten dieser seelischen Wärmstuben ist die Religion.

Die Islamisierung der zweiten türkischen Generation, die vor allem von Mädchen und jungen Frauen inbrünstig befolgt wird, geht den offensichtlichen Weg der Antiaufklärung, wie es die christlichen Kirchen in den vorigen Jahrhunderten in Europa und in den Vereinigten Staaten pflegten.

Durch die starke Verbreitung des Islams in Europa fordern namhafte Vertreter dieses Glaubens eine „Europäisierung des Islams, also ein Nachholen der Aufklärung und ihrer Errungenschaften – Menschenrechte, Demokratie und Toleranz ..." (so der islamische Sozialwissenschaftler und Publizist Bassam Tibi[17]) bzw. die „Entwicklung eines Islams, der den europäischen Gegebenheiten angepaßt ist" (wie das Nadeem Elyas, Vorsitzender des Zentralrats der Muslime in Deutschland) formuliert.[18]

Der islamische Einfluß in Europa war nie besonders intensiv. Entweder war er nur am geopolitischen Rande (Andalusien, Bosnien) beheimatet oder genoß nicht unbedingt den besten Ruf als Eroberer (über Ungarn bis vor Wien).

Die Integration der in Österreich lebenden Türken kann nicht durch die unbeschränkte Öffnung der (Wiener) Gemeindebauwohnungen und Körperschaften, die nur für Österreicher offen stehen (aktives Wahlrecht) erzwungen werden. Den richtigen politischen Integrationsweg gingen die Slowenen in Kärnten, bzw. die Kroaten und Ungarn im Burgenland, die in ihrem Bundesland keine eigene (Minderheiten-)Listen, sondern – wie alle andern Österreicher – eine der politischen Parteien der „Mehrheit" wählten. Einen gänzlich anderen und integrationshemmenden Weg wollen die Aktivisten der türkischen „Neuen Bewegung für die Zukunft" (NBZ) in Vorarlberg gehen, die bei den Arbeiterkammerwahlen sieben Prozent der Stimmen erringen konnten. Als nächsten Schritt plant der NBZ-Sprecher Attila Dincer eine eigenständige türkische ÖGB-Fraktion und will auch bei den Wiener Arbeiterkammerwahlen antreten. Sein kämpferisches Credo: „Wir haben dreißig Jahre lang geschlafen, jetzt ist es Zeit aufzuwachen."[19]

Wie gefährlich dieser separatistische Weg der NBZ ist, das bezeugt auch Kasim Aksu vom Verein zur Betreuung von Ausländern in Vorarlberg: „Ein ziemlich reaktionärer Haufen."[20] Attila Dincer („Wir können auf die Fundamentalisten nicht verzichten") und seine NBZ werden auch von den Staatsschutzorganen des Innenministers durchleuchtet. Eine der NBZ-Unterstützer, die Österreichisch-Islamische Föderation (Milli Görüs) gilt als die europäische Folgeorganisation der 1998 in der Türkei verbotenen Refah-Partei. Auch die faschistoiden Grauen Wölfe finden hier einen willkommenen Unterschlupf.

Die Anpassungsbereitschaft der „Doppel-Loyalen" verlangt, wie erwähnt, keineswegs die Aufgabe der eigenen mitgebrachten Kultur. Daher hat auch das islamische Gymnasium im 15. Wiener Gemeindebezirk eine gewisse Bedeutung. In Fünfhaus besuchen gegenwärtig neun Mädchen und 20 Buben die (vorerst) einzige Klasse dieser Privatschule, wo – so die Schulleitung – die Kinder durch die Klassengemeinschaft die islamische Prägung erfahren sollten.

Ohne die Berechtigung dieser Schulen in Zweifel zu ziehen, erhöhen integrative Unterrichtsformen die reibungslose Anpassungsbereitschaft der Migrantenkinder eher als das konfessionelle Lernen. So zeigt z. B. das Schulprojekt „Interkulturelles Lernen an steirischen Schulen" – auch im Kampf gegen Rassismus und Vorurteile – schöne Erfolge.

„Wir wollen Jugendliche mit allen Sinnen für die Problematik rund um den Rassismus sensibilisieren", so der Projektleiter Gottfried Reyer von der ARGE Jugend gegen Gewalt und Rassismus. Im letzten Schuljahr sind er und sein zehnköpfiges Team mit Referenten von allen Kontinenten in über 30 steirischen Schulen eingeladen worden, um Jugendliche erlebnisorientiert zur Rassismus-Thematik zu führen. „Der kulturalistische Zugang dient uns als Schlüssel für die Beschäftigung mit der Lebens- und Beschäftigungssituation von Migranten und Flüchtlingen", so der Projektleiter. Bei den steirischen Lehrern kommt das Projekt so gut an, daß mittlerweile eine lange Warteliste vorliegt."[21]

Größere Probleme als die türkischen Schüler haben die in Wien studierenden Afro-Asiaten; um sie nimmt sich das Afro-Asiatische Institut (AAI) in Wien-Alsergrund an; und das seit über vier Jahrzehnten. Mit einem so genannten „Studentenvisum" lernen rund 5.000 Studenten aus den Entwicklungsländern in ganz Österreich, etwas weniger als die Hälfte (2000) in Wien.

Am anderen Ende der Integrationsskala stehen die in Österreich lebenden Nigerianer, wobei ihr Anteil unter den Drogendealern als relativ groß gilt. Vor allem die große Armut in Lagos, Nigerias Hauptstadt, und die absolute

Hoffnungslosigkeit junger Menschen treibt viele in illegale Geschäfte, denen die Berufskriminellen unter ihnen auch im Ausland nachgehen.

Rassismus dient, bekannterweise, nicht nur zum Aussondern „Fremder“, sondern auch als Entschuldigung für individuelles Scheitern der „Opfer“. Das bestätigt auch der Wiener Afrikanist Erwin Ebermann: „Manche führen nahezu alles, was ihnen widerfährt, auf ihre afrikanische Identität zurück.“[22]

Als Reaktion auf echte und auch auf erdachte Ablehnung wächst unter Schwarzafrikanern in Österreich die Bereitschaft zur kulturellen Absonderung. Die so entstandene Diaspora-Kultur ist genauso neurotisch wie die jüdische – ohne Religion; ohne Wurzeln ernährt sie sich gutteils nur aus der Negation, aus dem Rassismus. Eigene Identifikationskämpfe verschärfen die neurotische Situation noch mehr. So berichtet „profil“ von der 24jährigen Araba Evelyn Johnston-Arthur – der Vater stammt aus Ghana, die Mutter aus Finnland –, die ihre geistige Heimat im Verein „Pamoja“ (Suaheli für „Zusammen“) fand; sie lehnt auch den Begriff „Schwarzafrikaner“ ab und spricht nur von „Afro-Österreichern“ oder „schwarzen Österreichern“. Daß sie und immer mehr junge Schwarze bald nirgends mehr „zu Hause“ sind, signalisiert auch ihre Entfernung von der afrikanischen Kultur ihrer Eltern: „Wir haben eben ein anderes Bewußtsein. Wir identifizieren uns nicht mehr so stark mit unserer Herkunft, sondern entwickeln unsere eigene Diaspora-Kultur. Wir sind Experten für Rassismus.“ – Diese, meist jungen Menschen sind eher „Experten“ für eine kulturelle Haltlosigkeit.

Während Studenten aus Lateinamerika sich gerne „für immer“ in Österreich niederlassen würden, wollen die meisten (Schwarz-)Afrikaner nur für eine gewisse Zeit in Österreich bleiben und hier studieren; daher ist auch ihre Integrationsbereitschaft außerordentlich niedrig. Anders die Situation der Südostasiaten. So wollen z. B. ausgebildete Mediziner aus

Afghanistan und Pakistan – wie vor Jahrzehnten ihre indischen „Feinde" – Österreicher werden. Genauso wie Ärzte, die allerdings schon in Wien studierten, aus den arabischen Ländern, haben sich heute nicht weniger indische Mediziner vollinhaltlich in die österreichische Gesellschaft integriert. Als Zeichen ihrer hohen Anpassungsbereitschaft haben sie, Migranten aus dem Nahen wie Fernen Osten, Österreicher(innen) geheiratet. Ihre Integration ist erfolgreich vollzogen.

Im Gegensatz zu dieser, meist individuell gut erfolgten Integration stehen die naiven Bestrebungen so mancher österreichischer Pädagogen. So erklärte z. B. auf einer Podiumsdiskussion, veranstaltet von Radio Wien des ORF und der Tageszeitung „Der Standard", die Volksschullehrerin Brigitte Van der Bellen, die Ehefrau des „Grünen" Bundessprechers, die in einer Schule unterrichtet, wo von 243 Kindern nur 22 Deutsch als Muttersprache haben: „Die Klassen müssen kleiner werden, und wir brauchen mehr fremdsprachliche Lehrer, da der muttersprachliche Unterricht wichtig ist."[23]

Dieser eingeforderte „muttersprachliche Unterricht" ist überhaupt nicht wichtig, da die Kinder ohnedies in zwei Sprachen aufwachsen und sie für ihren künftigen Lebens- und Berufsweg vor allem die deutsche Sprache benötigen.

Gute Integrationschancen bietet die „Europäische Mittelschule" in Wien-Neubau. Von den 325 Schülern haben nur die Hälfte Deutsch als Muttersprache. Ein Drittel – damit will man die grenzüberschreitende europäische Integration fördern – der anderen Hälfte kommt aus Ungarn, Tschechien und aus der Slowakei. Da diese Schüler „Wochenpendler" sind, die nur während der Schulwoche in Wien wohnen, wird das Projekt auch aus EU-Mitteln gefördert. Die drei Partnerländern stellen Gastlehrer zur Verfügung, die den österreichischen Kindern Fremdsprachenunterricht erteilen.

Neben den österreichischen, ungarischen, tschechischen und slowakischen Kindern besuchen auch andere, in Wien lebende ausländische Kinder – aus der ganzen Welt kommend – die „Europäische Mittelschule“. Auch die Lehrer kommen aus verschiedenen Nationen.

Die generellen Unterrichtssprachen sind Deutsch und Englisch, es werden aber auch Unterrichtsstunden in anderen Fremdsprachen gehalten, wobei viel Wert auf „Kreative Studien“, aber auch auf Informatik, Musik, Wirtschaft und – wie schon gesagt – Fremdsprachen gelegt wird. Da der Schulbesuch kostenlos ist, entscheiden bei der Aufnahme lediglich intellektuelle Kriterien, wobei auf die sprachliche Flexibilität (Bereitschaft zur Mehrsprachigkeit) der Kinder besonders geachtet wird.

II. Minderheiten

2. Gut gepolsterte „Volksgruppen“

Die große Diskussion lauft im kleinen weiter – über „Minderheiten in Österreich“. Das ist in einem Land, in dem noch vor gar nicht so langer Zeit die (Deutsch sprechenden) Österreicher, nebst Ungarn, Tschechen, Slowaken, Polen, Rutenen, Kroaten, Slowenen, Serben, Bosniaken, Italienern und orthodoxen Juden – wobei sich auch letztere selbst als ethnisch-religiöse „Minderheit“ verstanden – nichts anderes als eine, wenn auch regierende Minorität waren.

Genau genommen ist das Thema „Minderheiten“ gar kein österreichisches mehr; zumindest nicht die ethnischen, da sie, finanziell gut gepolstert, zu „Volksgruppen“ emporstilisiert, ihre stets steigenden Förderungsmittel gar nicht so ungern entgegennehmen: 1977, als das Volksgruppengesetz in Kraft trat, wurden erst 5 Millionen Schilling aus dem großen Förderungstopf ausgeschüttet; dreizehn Jahre später haben die Volksgruppen bereits 20 Millionen und 1996 fast 53 Millionen Schilling an Förderungsgeldern erhalten.

Die stärkste der sechs offiziell anerkannten Volksgruppen in Österreich sind – laut Volkszählung 1991 – die Kroaten mit 29.596 Angehörigen. Die meisten leben im Burgenland und in Wien. Die Kroaten selbst schätzen ihre Volksgruppe allerdings fast doppelt so groß ein, sie sprechen von 40.000 Angehörigen. An zweiter Stelle stehen die Slowenen, die hauptsächlich in Kärnten aber auch in der Steiermark leben, mit 20.191 registrierten Angehörigen (Selbstschätzung 50.000). Danach folgen die Ungarn (Burgenland und Wien) mit 19.638 Personen (Selbstschätzung 25.000). Die Tschechen (Volkszählung: 9.822, Selbstschätzung: 30.000) und die Slowaken (Volkszählung: 1.015, Selbstschätzung: 5.000) nehmen den vierten und fünften Platz ein. Beide Minderheiten sind vor allem in Wien beheimatet. Die Roma und Sinti wurden erst im Dezember 1993 als Volksgruppe anerkannt (Volkszählung: 122, Selbstschätzung: 40.000).

Anfang April 1998 ratifizierte Österreich die Rahmenkonvention des Europarates zum „Schutz nationaler Minderheiten". Neben dem Verbot von Diskriminierungen, wie es ohnehin für alle gilt, und dem ebenfalls generellen Recht auf Versammlungs- und Meinungsäußerungsfreiheit gibt es den Appell zur Förderung der Minderheiten etwa im Schulbereich. Wien hat den Text im Rang eines einfachen Gesetzes ratifiziert, sodaß sich niemand vor dem Verfassungsgerichtshof darauf berufen kann. Auch die Konvention sieht nur eine politische und keine gerichtliche Kontrolle vor: Die Staaten müssen dem Ministerkomitee des Europarats berichten, wie es um die Umsetzung des Abkommens steht.

„Weil das Dokument keinerlei Definition der nationalen Minderheiten enthält, hat Österreich in einer ergänzenden Erklärung festgehalten, daß es darunter nur die hier „beheimateten" Gruppen (wie Kroaten, Slowenen) versteht, nicht aber neue Minderheiten (z. B. Gastarbeiter). Die Konvention, die international am 1. Februar in Kraft getreten ist, wurde bisher von 21 Europarats-Ländern ratifiziert."[24]

Hier, bei der Definition der Minderheiten, nehmen die politischen Auseinandersetzungen ihren oft unguten Anfang: „Was ist eine Minderheit?" „Wie definieren wir sie?" Die österreichische Gesetzgebung gibt auf diese Frage eine einfache, für unzufriedene, alles verpolitisierende „political correctness"-Anhänger eine vielleicht zu einfache Antwort. Das offizielle Österreich kennt – im Volksgruppengesetz vom 1. Juli 1976 festgehalten – nur ethnische und keine religiösen oder schicksalsgemeinschaftlichen Minderheiten.

Die Idee des Volksgruppengesetzes wurzelt in den Bereichen der historisch gewachsenen „Sprachminderheiten" der k. u. k.-Monarchie, die allerdings religiös motiviert und kirchennah (katholisch oder evangelisch) waren. So dominieren z. B. heute noch Kirchen-Kräfte das (politische) Leben vieler Slowenen in Kärnten, bzw. Kroaten und Ungarn im Burgenland. Da im ungarischen Teil der Monarchie (ab 1921: Burgenland bei Österreich) Kirche und Staat eine Einheit bildeten, gab es hier z. B. nur minderheitensprachlich-konfessionelle Schulen.

Wo die katholische Kirche dem kulturellen und politischen Landesbewußtsein unterlag – wie z. B. in Vorarlberg – dort konnten sich auch keine Minderheiten halten. So blieb den einst zahlenmäßig großen Gemeinden der italienischen Arbeiter in Vorarlberg vor dem Ersten Weltkrieg entweder der Weg in die (damals unsichere) Heimat oder die völlige Assimilation übrig.

In Wien um die Jahrhundertwende bildeten neben den Großdeutschen die Sozialdemokraten die einzige politische Konkurrenz zur katholischen Kirche und zu den ihnen nahestehenden Parteien. Während die Großdeutschen, aus verständlichen Gründen, keine Sympathie den in Wien lebenden Minderheiten gegenüber aufbringen konnten, gelang es der (links-)sozialdemokratischen Arbeiterpartei, auch hier der Kirche die Stirn zu bieten; so entstanden unter den SP-Fittichen u. a. zahlreiche tschechische Sport-, Arbeiter- und Kulturvereine.

Nach dem Zweiten Weltkrieg änderten sich Lage und Situation der Minderheiten, wobei die grundlegende (rechts-)historische Tat der Artikel 7 des Staatsvertrages wurde. Als Bedingung der Signatarmächte, vor allem der Sowjetunion, wurden dabei die Rechte der Slowenen in Kärnten und in der Steiermark, aber auch die der Kroaten im Burgenland, festgehalten.

Der einzige wirklich politische Sprengstoff Österreichs nach dem Staatsvertrag (1955) wurde in Kärnten gelegt, wo die deutschsprachige Mehrheitsbevölkerung die verbrieften Rechte der Slowenen (zweisprachige Ortstafeln, obligatorischer slowenischer Schulunterricht, Gerichtssprache) arg zerzauste. Die unmittelbare Nachbarschaft des kommunistischen

Jugoslawiens und die einstige Partisanentätigkeit vieler Kärntner Slowenen während des Krieges standen der vorherrschenden minderheitenfeindlichen Gesinnung der Kärntner Mehrheitsbevölkerung, die sich immer noch „Deutsche“ nennt, Pate. Da die Kärntner Slowenen gute Beziehungen zu ihrer slowenisch-kommunistischen Heimat unterhielten, blühte das gefährliche Gespenst der „Fünften Kolonne“ bald auf.

Im Gegensatz zu den Slowenen in Kärnten distanzierten sich die Ungarn und die Kroaten im Burgenland von ihren kommunistischen „Mutterländern“. Auch aus diesem Grund gab es hier nie nennenswerte Konflikte mit der deutschsprachigen Mehrheitsbevölkerung. So wurde Kroatisch – die Ungarn assimilierten sich zusehends – auch in Ämtern und bei Behörden eine vollakzeptierte, jedoch stets pragmatisch verwendete Alltagssprache.

Seit 1976 („Volksgruppengesetz“) übernahmen SPÖ und ÖVP die politische „Schutzfunktion“ der ethnischen Minderheiten. So war es nur selbstverständlich, daß in den Volksgruppenbeiräten – eine Beratungsgruppe im Bundeskanzleramt – neben den Vertretern der einzelnen Minderheiten auch die politischen Parteien teilnahmen. Die erste Volksgruppe, die einen Beirat beschickte, waren bereits 1979 die im Burgenland lebenden Ungarn, deren führende Funktionäre lange Zeit die in Wien lebenden – eingewanderten und nicht hier geborenen – „Landsleute“ von den finanziellen Förderungstöpfen eifersüchtig fernhielten. Erst 1992 kam es zu einer Anerkennung der Wiener Ungarn, die zwischen 1945 und 1956 nach Österreich emigrierten.

1992 – nach dem Zerfall der Tschechoslowakei – trennten sich auch diese beiden Minderheiten in Österreich; so wurde noch im selben Jahr die Volksgruppe der Slowenen in Wien gegründet.

Obwohl kaum in einem anderen europäischen Land westlich der EU-Schengen-Grenzen die ethnischen Minderheiten so viel Freiheit besitzen wie in Österreich, sind ihre Vertreter mit dem bisher Erreichten immer noch unzufrieden. So beschloß die fünfte Volksgruppenkonferenz in Oberwart Ende Jänner 2000 die „sichtbare Zweisprachigkeit“[25] auf Ortstafeln, bei topographischen Bezeichnungen (Atlanten) und auch bei Formularen.

Die wirkliche Bedeutung zweisprachiger Orts- und ähnlichen Tafeln liegt heutzutage nicht mehr in der (künstlichen) Forcierung der „mitgebrachten Kultur“, die längst der Vergangenheit angehört, sondern – in Grenzgebieten – dem Fremdenverkehr. So sieht man in Westungarn, nahe zur österreichischen Grenze jetzt mehr deutsch- als ungarischsprachige Tafeln; vor allem wenn sie Zahn- und Kurarztordinationen anzeigen. – Mag der Ausspruch eines Kärntner „Deutschen“, die sich oft nur ungern als „Österreicher“ bezeichnen, am Höhepunkt des „Ortstafelstreites“ in den 70er Jahren („In diesem Dorf wird sich schon kein Slowene verirren ...!“) zynisch klingen, zielt sie doch auf die wichtigste existentielle Voraussetzung aller Migranten und Minderheiten hin – auf die lückenlose Anpassung nach außen.

Um ihre inhaltliche Existenzberechtigung zu sichern, verlangen Vertreter des österreichischen Volksgruppenzentrums das Aufleben der Zweisprachigentafeln-Idee. Allerdings: Nichts fürchten die Minderheitenvertreter mehr als die Abstimmung unter ihren Mitgliedern. Globale und glaubwürdige statistische Erhebungen („Volkszählung“) wollen sie genauso wenig akzeptieren, wie die Befragung von Eltern schulpflichtiger Kinder, ob sie auf einen zweisprachigen Unterricht Wert legen.

„Es wird erwartet, daß im Burgenland noch im Verlauf dieses Jahres (gemeint ist 2000; Anm. des Autors) die Zweisprachigkeit umgesetzt wird. Es soll dann Ortstafeln auch in kroatischer und in ungarischer Aufschrift geben“, berichtet Hubert Mikel, Generalsekretär des österreichischen Volksgruppenzentrums. Mikel schließt dies aus Gesprächen mit Mandataren der burgenländischen VP und der SP des Landes.

Bei letzterer sei der Standpunkt nun flexibler, glaubt Mikel, „man hat eingesehen, daß Abstimmungen in den Orten unmöglich sind. Über Minderheitenrechte kann man nicht abstimmen.“[26]

KROATEN: GROSS UND FRIEDLICH

Volkszählung 1991: 29.596
Selbstschätzung: 40.000
Alle kroatischen Kinder im Burgenland – wo die Mitglieder dieser größten österreichischen Minderheit leben – können ihre gesamte Schulzeit, vom Kindergarten bis zur Matura, zweisprachig absolvieren. Das wirklich Neue an dieser Unterrichtsregelung ist die Tatsache, daß die Kinder auch außerhalb ihrer „Siedlungsgebiete“ zweisprachig unterrichtet werden können. Auch das heikle Problem der zweisprachigen Ortstafel, die in Kärnten zu oft blutigen Auseinandersetzungen führte, ist im Burgenland völlig friktionsfrei. Karl Stix, der burgenländische Landeshauptmann, traf 1996 eine salomonische Lösung: Wo die Bevölkerung es wünscht, dort sollen zweisprachige Tafeln aufgestellt werden. Zwei Jahre davor befürwortete nur ein Drittel der Kroaten die Aufstellung solcher Tafeln; genauso groß ist der Anteil der Ablehner und der Rest schweigt sich zu diesem Thema aus.

Diese Einstellung vertreten auch die 24 Mitglieder des kroatischen Volksgruppenbeirates – die eine Hälfte wird von der katholischen Kirche bzw. von den politischen Parteien und die andere von den Minderheitenorganisationen gestellt –, der seit 1993 beim Bundeskanzleramt arbeitet.

Seit dem 16. Jahrhundert – die erste urkundliche Erwähnung stammt aus 1515 – leben die stramm-katholischen Kroaten im heutigen Burgenland. Als überzeugte Christen flohen sie vor den Türkenkriegen in den Westen. Ihre heutigen Siedlungsgebiete erstrecken sich über das ganze Burgenland:

vom Norden (Neusiedl) über die Mitte des Landes (Oberpullendorf) bis nach Süden (Güssing).

Seit Mitte des 18. Jahrhunderts bildet sich – bis zum heutigen Tage auch literarisch beackert – ein eigenes burgenländisches Kroatisch aus, wobei erst im 19. Jahrhundert auch profane nicht religiöse Werke, wie z. B. die erste Schulfibel (1853), erscheinen. 1858 veröffentlicht Fabian Hauszer das erste burgenländisch-kroatische Wörterbuch.

Von 1890 bis 1918 leiden die Kroaten, vor allem tut dies ihre Literatur, unter dem starken Druck der Ungarn, die nicht nur das kroatische Schulwesen äußerst restriktiv handhaben, sondern auch die Magyarisierung kroatischer Familiennamen wird wohlwollend gefördert; so ist z. B. der Name „Horvát" (auf Ungarisch: „Kroate") heute noch stark verbreitet.

Trotz dieser Magyarisierungswelle spricht sich die Leitung des Kroatischen Kulturvereins 1921 (Burgenland wurde Österreichs jüngstes Bundesland) für einen Verbleib in Ungarn aus. Entsprechend diesem Wunsch werden 1922 viele kroatische Gemeinden Ungarn zuerkannt.

Die braunen Jahre der Nazi-Barbarei im Burgenland waren kein Ruhmesblatt für viele Funktionäre und Mitglieder der kroatischen Minderheit. So paßten sich kroatische Organisationen von 1938 bis 1945 genauso der NS-Gesellschaftsordnung an, wie sie es zwischen 1934 und 1938 mit den politischen Leitlinien des Ständestaates taten.

Dementsprechend unterblieb auch die NS-Umsiedlung der Kroaten, da viele auf das engste mit der Zagreber „Ustascha"-Partei kooperierten.

Nach 1945 kam die schnelle Wendung: Funktionäre der burgenländischen Kroaten nahmen Kontakte zu Titos KP auf und erreichten so die frühzeitige Entlassung kroatischer Kriegsgefangener, die aus dem Burgenland stammten. Mit Lorenz Karall stellen die Kroaten 1946 sogar den Landeshauptmann. 1979 wird die erste kroatische Rundfunk- und 1989 die erste TV-Sendung eingeführt.

1984 wird die erste kroatische Volksschule, 1987 Kroatisch als Wahlpflichtfach an den Gymnasien und 1992 das zweisprachige Gymnasium in Oberwart ins Leben gerufen. Seit 1994 kann in allen burgenländischen Gemeinden, bereits ab sieben Anmeldungen, kroatischer Unterricht erteilt werden. Im selben Jahr wird in Wien das Kroatische Zentrum eröffnet. Am 5. Februar 1995 detoniert eine Paketbombe in der kroatischen Gemeinde Stinatz.

Das organisierte kulturpolitische Leben der Kroaten spielt sich in drei Vereinen ab:

- Kroatischer Kulturverein Burgenland (Hrvatska Kulturno drustvo v Gradiscu)
- Kulturvereinigung KUGA (Kulturna zadruga)
- Kroatisches Kultur- und Dokumentationszentrum (Hrvatski Kulturni i Dokumentarni Center)

Der Kulturverein ist mit rund 4.000 Mitgliedern die größte kroatische Organisation und gleichzeitig auch die älteste (seit Mitte des 19. Jahrhunderts). Die Vereinsführung lehnt Interkulturalität wie Integration der kroatischen Minderheiten ab und will nur das „nationale Selbstwertgefühl" stärken.

In diesem Sinne wird die „kroatische Erziehung" der Kinder und Jugendlichen entsprechend gefördert; selbst die „Asterix"-Comic-Hefte werden vom Kulturverein in das burgenländische Kroatische übersetzt. In der Vierteljahreszeitschrift „Glasilo" wird die enge Zusammenarbeit mit der Republik Kroatien (nach dem Ende Jugoslawiens) mit allen Mitteln gefördert. Die relativ späte Gründung des kroatischen Volksgruppenbeirates – erst 17 Jahre nach der Verabschiedung des Volksgruppengesetzes – ist eine Folge dieser nationalistischen Politik, die das burgenländische Klima trotzdem nicht vergiftete.

Die Kulturvereinigung KUGA betreibt seit ihrer Gründung (1982) verschiedene kulturelle Aktivitäten, hauptsächlich im Mittelburgenland in Großwarasdorf. Die KUGA-

Sprecher sehen sich als Teil eines „interkulturellen Zentrums" – im Gegensatz zum Kulturverein – wo auch andere (Minderheiten-)Sprachen ihren gleichberechtigten Platz haben. Während sie dem Oberwarter zweisprachigen (deutsch und kroatisch) Gymnasium gegenüber eine kritische Haltung einnehmen, befürworten sie, gemeinsam mit den Ungarn, die „Pannonischen Klassen" in Oberpullendorf, wo Kroatisch oder Ungarisch neben Deutsch Pflichtunterrichtssprachen sind.

Nationalistische Töne sind allerdings auch in den KUGA-Reihen nichts Unbekanntes; so würden die „Kuganer" gerne „kroatische Politiker", die nicht auf einer österreichischen Parteiliste stehen, in die gesetzgebenden Körperschaften schicken.

Die führenden Funktionäre des Kroatischen Kultur- und Dokumentationszentrums stehen der SPÖ nahe und fern der Kirche; sie verstehen sich als Träger intellektueller Aktivitäten. Auch sie stellen sich, wie die KUGA, gegen das zweisprachige Bundesgymnasium in Oberwart, das nur von kroatischen Schülern besucht wird. Dafür propagieren sie Schulen, wo auch nicht-kroatische Jugendliche diese Sprache erlernen können. Sie sind keine Verfechter segregationistischer Kultur- und Schulpolitik wie die des tonangebenden kroatischen Kulturvereins.

Die Volksgruppenpolitik des Dokumentationszentrums ist pragmatisch und nicht rückwärtsgerichtet wie die des Kulturvereins, dessen Forderung nach der Einführung der kroatischen Amtssprache – da diese von den meisten Kroaten abgelehnt wird – keinen praktischen, sondern nur einen segregativen Nutzen hätte.

Bedingt durch die SPÖ-Nähe des Dokumentationszentrums zeigen sich ihre Funktionäre, im Gegensatz zu denen des Kulturvereins, mit der Erfüllung der verbrieften Minderheitenrechte durchaus zufrieden. Sie sehen auch im Volksgruppenbeirat mehr als ein bloßes Instrument der Förderungsmittelverteilung und fordern von ihm eine aktive und inhaltlich festgelegte Politik für die Minderheit.

Der pragmatisch ausgerichtete Forderungskatalog des Dokumentationszentrums lehnt auch den Vorschlag nach eigenen kroatischen parlamentarischen Vertretungen ab. Da das Burgenland nicht ethnozentrisch aufgebaut ist, finden Kroaten wie auch die Ungarn zu allen Ämtern und Funktionen freien Zugang; sie sitzen im Bundes-, wie im Landesparlament, in allen Ämtern und Interessensvertretungen. Mit einem Wort: sie sind voll integriert.

Die burgenländisch-kroatische Literatur spielte sich bis zur Gründung des Burgenlandes nahezu ausschließlich im religiösen Bereich ab. So war auch die führende Gestalt der kroatischen Literatur im Burgenland, der Poet Mate Mersich Milodaric (1850–1928) katholischer Priester. Den eigentlichen literarischen Übergang von der geistlichen zur weltlichen Thematik schuf Augustin Blazovich, der selbst noch Priester war. Um die literarische Zeitschrift „Glas" von Blazovich versammelten sich nach dem Zweiten Weltkrieg die schreibenden „Jungtürken" der Minderheit, wie Belko Frank, Ewald Pichler und andere.

Viele der heute in Bugenländisch-Kroatisch Schreibenden waren Ernst Jandls Schüler, wie Jurica Csenar, Fred Hergovich oder Peter Tyran. Tyran ist auch einer der wenigen, die keine Schwellenangst vor dem Wort „Minderheit" haben und sich nicht „political correct" hinter dem Begriff der „Volksgruppe" ängstlich verstecken: „... meinetwegen auch ‚Minderheit', weil ich damit nichts Minderwertiges assoziiere, im Gegenteil ..."

Diese jungen Dichter bilden die „So bin ich!-Generation" wie Nikola Bencsics sie nennt, die selbstbewußt ihre Identität als burgenländische Kroaten bejahen, der Volksgruppe Kraft einflößen möchten und dem Mehrheitsvolk Anerkennung abringen wollen. Die Literaten schaffen „eine sozial engagierte, politische Literatur, die auf spezifische Sorgen,

Ängste und Probleme der Volksgruppe in der veränderten, modernen Lebenslage Rücksicht nimmt."[27]

Ethnische Minderheiten in Österreich begünstigen nicht nur die reine Zweisprachigkeit – eine beliebige Sprache kann man überall erlernen –, sondern vor allem das konkrete Verständnis des slawischen oder ungarischen Nachbarn, der als Tourist oder als Geschäftspartner nach Österreich kommt, bzw. den Gegenbesuch bei sich zu Hause empfängt. Vor allem diese praktikable Seite der Minderheiten-Bedeutung hat in den letzten Jahren das Interesse des Kroatischen zu Gunsten des Ungarischen zurückgedrängt, obwohl bedeutend mehr Kroaten als Ungarn im Burgenland leben. Die wirtschaftlichen und touristischen Kontakte zwischen Österreich und Ungarn sind dichter als die zu Kroatien. Typisch für diese rationelle Einstellung vieler Kroaten und Ungarn in Österreich ist der Ausspruch einer burgenländischen Kroatin: „Warum soll ich in unserem Gemeindeamt verlangen können, kroatisch zu sprechen, obwohl ich der deutschen Sprache mächtig bin?"[28]

SLOWENEN: HISTORISCH UND POLITISCH

Volkszählung 1991: 20.191
Selbstschätzung: 50.000

Die zweitstärkste Minderheit in Österreich, die Slowenen in Kärnten und in der Steiermark, hatten immer schon die größten Probleme. Im Gegensatz zu den Kroaten im Burgenland pochten die Slowenen von Anfang an auf eine optimale Eigenständigkeit, die ihnen aus politischen Gründen in Kärnten nur selten gewährt wurde.

Am Anfang der Geschichte – man schrieb damals das 7. Jahrhundert n. Chr. – wohnten in Südkärnten nicht die „Deutschen", wie sich die nicht-slowenischen Kärntner heute noch bezeichnen, sondern die Südslawen, deren Fürstentum

Karantanien sich nicht nur auf das heutige Kärnten, sondern auf große Teile der Steiermark bis nach Südniederösterreich erstreckte.

Zwei Jahrhunderte später eroberten bayerische Truppen und katholische Missionare dieses Gebiet, das als halbautonomes Fürstentum Teil des Deutschen Reiches wurde. Die hier lebenden Slowenen wurden – das erste Mal in der Geschichte – regelrecht versklavt. In der ersten Hälfte des 14. Jahrhunderts verjagten habsburgische Armeen die Bayern und gründeten 1335 das Herzogtum Kärnten, das von Wien aus verwaltet wurde.

Seit dieser Zeit markieren zahlreiche slowenische Bauernaufstände und die Reformation – 1550 veröffentliche der slowenische Reformator Primaz Truber das erste slowenische Buch – die antikatholische und habsburgfeindliche Einstellung vieler Slowenen.

Nachdem 1812 der erste Lehrstuhl für Slawistik unter der Patronanz von Erzherzog Johann in Graz gegründet wurde, blühte nach 1850 in Klagenfurt die slowenische Kultur auf; der Hermagor-Verlag, mit vier slowenischen Zeitungen und mehreren Lese- und Literatur-Vereinen entsteht.

Obwohl die Wiener Hofburg ab der zweiten Hälfte des 19. Jahrhunderts auch die slowenische Sprache und Kultur fördert und Slowenisch zur Unterrichtssprache erklärt wird, sinkt in dieser Zeit der slowenische Anteil in Kärnten von 33% (1850) auf 18,3% (1919). Dieser Rückgang war nicht zufällig, da bereits während des Ersten Weltkrieges zahlreiche Kärntner Slowenen als „Spione Serbiens" verhaftet und verfolgt wurden.

1918 besetzten serbische Truppen Teile Südkärntens und die Landeshauptstadt Klagenfurt. Als Antwort der „Deutschen" begannen noch im selben Jahr die „Kärntner Abwehrkämpfe". Trotzdem stimmten am 10. Oktober 1920 60 Prozent der Slowenen für einen Verbleib Südkärntens bei Österreich. An der slowenenfeindlichen Politik der „Deutschen" änderte diese Einstellung jedoch nichts. Seitens der „Deutschen“ setzten sich bis Anfang der 30er Jahre nur die Sozialdemokraten für eine slowenische Kulturautonomie ein.

Obwohl nach dem „Anschluß“ (1938) mehrere Slowenenvertreter Loyalitätserklärungen dem NS-Landeshauptmann übergeben, werden ihre Schulen geschlossen und ab 1939 sogar die slowenischen Kindergärten „eingedeutscht“.

Als Antwort auf diese Politik entsteht 1944 ein österreichisches Bataillon der von Partisanen unterstützten slowenischen Befreiungsarmee.

1945 wird in Südkärnten das zweisprachige Schulwesen eingeführt und bereits ein Jahr später beginnen die Kämpfe zwischen Slowenen und Deutschnationalen. In Klagenfurt und in Eisenkappel beklagt man drei Todesopfer.

Die prinzipiellen Rechte der slowenischen Minderheit werden – der Papierform nach – im Artikel 7 des Staatsvertrages (1955) garantiert; drei Jahre später entsteht das erste slowenische Gymnasium. 1972 nimmt der unheilvolle Kampf um die zweisprachigen Ortstafeln in St. Kanzian am Klopeiner See seinen unrühmlichen Anfang. 1989 entsteht der slowenische Volksgruppenbeirat; 1992 wird die slowenische Handelsakademie in Klagenfurt gegründet. 1994 werden auf mehrere slowenische Einrichtungen Briefbombenanschläge verübt.

Neben mehreren kleineren slowenischen Organisationen in Kärnten gibt es zwei größere parteipolitisch fixierte Gruppierungen der slowenischen Minderheit:

- Rat der Kärntner Slowenen (Narodni svet Koroskih Slovencev)
- Zentralverband slowenischer Organisationen in Kärnten (Zveca slovenskih organizacij na Koraskem).

Der Rat entstand 1949 unter der Patronanz der ÖVP und ist katholisch-konservativ ausgerichtet. Ab den 80er Jahren entfernte sich der Rat aus dem Parteibereich der konservativen und stellte bei Lokal- und Regionalwahlen eigene Kandidaten auf. Einer ihrer Sprecher, Karel Smole, zog als

Minderheitenvertreter und Abgeordneter der „Grünen" in den Nationalrat ein und übersiedelte später zu den Liberalen. Aus den Reihen des Rates kommt auch der „Vater" des Slowenischen Gymnasiums in Klagenfurt, Josko Tischler. Auch die bedeutendste slowenische Zeitschrift des Landes, „Nas Tednik" wird vom Rat finanziert.

Der Rat der Kärntner Slowenen setzt sich vehement nicht nur für eine zweisprachige Erziehung, sondern auch für eine Ausweitung der ORF-Minderheitenprogramme ein. Ihre Funktionäre sind überaus aktiv im „Österreichischen Volkszentrum" in Wien tätig, wo sie eine enge Kooperation mit den Vertretern anderer Minderheiten anstreben.

Der Zentralverband steht in der Nähe der SPÖ und lange Zeit auch der KPÖ. Als linke Laizisten lehnen seine Mitglieder sowohl den klerikalen Einfluß als auch die ethnische Ghettoisierung ab. Unter ihren Fittichen entstand die interethnisch arbeitende „Vinzenz-Rizzi-Gesellschaft", die eine Privatisierung des zweisprachigen Unterrichtes entschieden ablehnt; gefordert wird dafür das „öffentliche Anliegen" dieses Minderheitenrechtes und die Ausweitung der slowenischen ORF-Sendungen (gegenwärtig 50 Minuten im Radio und 30 Minuten wöchentlich im Fernsehen).

Im Gegensatz zum Rat strebt der Zentralverband die Aufstellung eigener Parteilisten nicht an, sondern glaubt, innerhalb der linken Parteien das notwendige Verständnis für das Anliegen der slowenischen Minderheit zu finden.

Obwohl der Zentralverband mit der Arbeit des slowenischen Volksgruppenbeirates in Wien zufrieden ist, strebt er für die Zukunft eine Abkehr vom „Anerkennungsprinzip" und eine Hinwendung der „Migrationsgesellschaft" zur offenen kulturellen Entfaltung aller Minderheiten in Österreich an.

Die Realität der Minderheiten sieht in Kärnten und in der Steiermark jedoch anders aus: Immer mehr Slowenen verlassen ihre autochthonen Gebiete und ziehen in die größeren

Städte (Wien, Graz). Das ergab eine Studie des slowenischen Geographen Jernej Zupancic, die Ende 1997 in Wien vorgestellt wurde. Die Mehrheit der befragten Slowenen, so der Studienautor, fühlen sich auch in Wien als „Kärntner Slowenen"; drei Viertel bekennen sich eindeutig zu Österreich. Zupancic schätzt die Zahl der Slowenen in Österreich auf 60.000 Personen, wobei er auch die Gastarbeiter ohne österreichische Staatsbürgerschaft dazuzählt.

Angehörige der slowenischen Minderheit leben, nicht nur in Südkärnten, sondern auch in der Steiermark; nach eigenen Angaben rund 1.700 an der Zahl, die bis jetzt keinen Zugang zu den Förderungsmitteln der Volksgruppe hatten. Die drei führenden steiermärkischen Parteifunktionäre – Landesobfrau Waltraud Klasnic (ÖVP), Peter Schachner (SPÖ) und Michael Schmid (FPÖ) – kamen jedoch überein, daß es jeweils nur einen Volksgruppenbeirat der Slowenen geben kann.

Die Vereinigung der steiermärkischen Slowenen („Artikel VII-Kulturverein für Steiermark") fordert, so ihr Obmann Branko Lenart, die verpflichtende Einführung zweisprachigen Unterrichtes auch in der Steiermark: in der Nähe Radkersburgs, in Laafeld, eröffneten sie ihr erstes slowenisches Kulturhaus. Dieser Verein, mit Sitz in Bad Radkersburg, war auch das Ziel eines Briefbombenanschlages.

Im Gegensatz zu den Kärntner Slowenen-Organisationen lehnen die steiermärkischen Slowenen die zweisprachigen Ortstafeln ab, sie legen auch keinen Wert auf ihre Sprache im öffentlichen Leben. Dafür plädieren auch sie für eine stärkere Berücksichtigung der Minderheitenanliegen im ORF und in anderen kulturellen Einrichtungen. In diesem Sinne organisiert der Verein zahlreiche kulturell-wissenschaftliche Aktivitäten, wie z. B. das hochrangig besetzte Symposion „Die Zweisprachigkeit zwischen Graz und Maribor", 1994 an der Grazer Universität; oder die große „Jugend"-Landesausstellung 1998 in Bad Radkersburg.

Seit dem Wegfall des „Eisernen Vorhanges“ und dem Ende der KP-Herrschaft auch in Slowenien ist die Situation dieser Minderheit in Südkärnten und in der Steiermark bedeutend besser geworden. Vor allem die engen wirtschaftlichen Beziehungen zwischen Österreich und Slowenien und die zu erwartende EU-Mitgliedschaft Sloweniens beruhigen zusehends die einst gespannte Lage der slowenischen Minderheit in Südkärnten.

Das größte Problem der Minderheits-Funktionäre ist, so widersprüchlich es auch klingen mag, die so genannte „Bekenntnisfreiheit“, die in Österreich herrscht. Demnach kann sich jeder Mensch zu einer (ethnischen) Minderheit („Volksgruppe“) bekennen, er muß es aber nicht. Und da immer weniger Menschen die Last der „demonstrativen Zweisprachigkeit“ auf sich nehmen wollen, stagniert die Zahl der Minderheiten bzw. geht diese zurück.

Die politisch – und auch historisch – problematischste Minderheit in Österreich ist die der Slowenen in Kärnten. Der Abwehrkampf nach dem Ersten und der Partisanenkriege nach dem Zweiten Weltkrieg einerseits und die Deutschtümelei der nichtslowenischen Kärntner andererseits erschwerten längere Zeit das friedliche Nebeneinander; der berüchtigte „Ortstafelstreit“ war nur ein Auswuchs dieser unerfreulichen Situation.

Im Schatten dieser politischen Auseinandersetzungen tobt ein (Klein-)Krieg auch innerhalb der slowenischen Minderheit in Kärnten; so sind die Vertreter des Zentralverbandes und des Rates nicht immer gut aufeinander zu sprechen. Beide Organisationen kämpfen um eine höhere Beteiligung im Volksgruppenbeirat, wo vor allem die Förderungsmittel aufgeteilt werden. Der Rat will dort mehr Vertreter als der Zentralverband einnehmen, da ersterer glaubt, mehr Mitglieder als die anderen zu haben.

Nach der derzeitigen Regelung besetzen die Volksgruppenvertreter die Hälfte der Beiratsmitglieder, und die andere

Hälfte ist für Parteien- und Kirchenvertreter freigehalten. In der Praxis bekämpfen sich verschiedene „Seilschaften"; so arbeitet der Rat mit ÖVP- und Kirchenabgesandten, und der Zentralverband mit denen der SPÖ-Vertreter zusammen. Da die FPÖ nach den Landtagswahlen im März 1999 der ÖVP einen Sitz im Volksgruppenbeirat abnahm, haben FPÖ und SPÖ gleichgezogen.

Im Schatten dieser und ähnlicher Auseinandersetzungen hofft der Vorsitzende des Slowenenbeirates Marjan Sturm (Zentralverband): „Der Beirat wurde in der Vergangenheit zu sehr als politisches Kampfinstrument gesehen und hat seine Möglichkeiten zu wenig genutzt."[29]

Um die Situation der slowenischen Minderheit noch mehr zu erschweren, suchen seit einigen Jahren steiermärkische Slowenen den Weg zu einer eigenen Volksgruppe. Dieser eher unberechtigte Wunsch wird – erwartungsgemäß – nur von den „Grünen" unterstützt, deren Minderheitensprecherin Terezija Stoisits von einer „sturen Verweigerung der Anerkennung der steirischen Slowenen als Volksgruppe" und in diesem Zusammenhang von einer „Politikgroteske"[30] spricht und das nur deshalb, weil im Nationalrat der Aufstockung des Slowenenbeirates von 16 auf 18 Personen nicht zugestimmt wurde. Diese Aufstockung hätte nur zur weiteren Aufsplitterung der Fördermittel und dadurch zu einer Reduzierung ihrer Wirksamkeit geführt.

Individuelle Integrationsprozesse, deren Grundlage immer eine hohe Anpassungs- und Assimilationsbereitschaft ist, verlaufen stets friedlich und nachhaltig; so paßten sich z. B. die „1956er" Ungarn in kürzester Zeit an die österreichische Gesellschaft an. Kollektive Integrationsprozesse verlaufen hingegen oft auf harten, konfliktreichen Schienen. Das bestätigt auch Marjan Sturm: „Wir haben in den 70er Jahren eine Konfrontation gehabt. Was hat sie gebracht? Eine Stärkung des Kerns und einen Abfall des Randes! Alle die, die sich mit der politischen Artikulation nicht identifizieren konnten, haben aufgehört slowenisch zu reden, weil sie schon die Sprache als solche in Verbindung mit politischen Verhalten gesehen haben." Und er resümiert: „Das ist eine ambivalente Sache: Eine Konfrontation stärkt das eine, schwächt das andere Element. Ich glaube, daß man mit einer offenen Konzeption im Interesse beider – Minderheit und Mehrheit – mehr erreichen kann."[31]

UNGARN: ASSIMILATIV UND EIFERSÜCHTIG

Volkszählung 1991: 19.638
Selbstschätzung: 25.000

Es ging um relativ viel Geld und um Prestige: Führende Funktionäre der angestammten ungarischen Minderheit im Burgenland haben jahrzehntelang erfolgreich den Einzug der Wiener Ungarn, die zwar längst alle österreichische Staatsbürger waren, doch nicht hier geboren wurden, in den Volksgruppenbeirat verhindert; immerhin ging es um rund vier Millionen Schilling Förderungsmittel.

Die gar nicht so unbegründete Ablehnung der „angestammten", in Österreich geborenen ungarischen Minderheit bzw. ihres „Burgenländisch-ungarischen Vereins" (mit Sitz in Oberwart) gegen die „zugewanderten" Ungarn (1945 bzw. 1956) hatte neben der finanziellen auch eine politische Seite: Im Gegensatz zu den politischen Flüchtlingen in Wien – allein 1956/57 blieben rund 15.000 Ungarn hier – achteten die burgenländischen Ungarn stets auf eine gute bis korrekte Beziehungen zur kommunistischen Heimat.

Ungarn sind gerne loyal, oft auch doppelt. So nahmen die Oberwarter Vereinsfunktionäre nicht nur zu Budapest schnell und gerne Kontakte auf, sondern auch als erste Platz im Volksgruppenbeirat. Damit avancierten die rund 4.000 burgenländischen Ungarn schnell zur „Lieblingsminderheit" des Ballhausplatzes.

Keine Minderheit assimilierte sich in Österreich so schnell wie die Ungarn. Daher legten die burgenländischen Ungarn – von den Wienern ganz zu schweigen – weder auf zweisprachige Ortstafeln noch auf eine „ungarische Amtssprache" – im Gegensatz zu den Kroaten – wert.

Die Ungarn genossen in Wien immer schon große Sympathie und können sich daher schnell integrieren. Auch der hohe Akademiker-Anteil (1981 hatten 28 % eine abgeschlossene Hochschul- bzw. Universitätsausbildung; Österreich-Durchschnitt damals: 16,5 %) erleichtert ihre schnelle und vollständige Anpassung.

Das Ende der KP-Herrschaft in Ungarn förderte noch mehr ihre Doppel-Loyalität. 1981 gaben in Wien 5.683 Menschen „Ungarisch" als Umgangssprache an und zehn Jahre später, ohne eine nennenswerte Zuwanderung, bereits 9.980. Obwohl die Ungarn in Wien die größte Minderheit bilden, haben sie hier keine eigene Schule, im Gegensatz zur österreichischen Schule in Budapest. Für die ungarische Schule in Wien müßte allerdings – spiegelbildlich zur österreichischen in Budapest – der ungarische Staat aufkommen.

Unter den drei größten Minderheiten – Kroaten, Slowenen und Ungarn – gehören die Magyaren zu den ältesten in Österreich: Bereits im 9. Jahrhundert wurden ungarische Grenzwächter im heutigen Mittel- und Südburgenland angesiedelt. 1650 entstand die erste ungarische Schule in Oberwart. Die Ungarn blieben allerdings jahrhundertelang arme Bauern und Lohnknechte. Erst nach dem „Ausgleich" zwischen Österreich und Ungarn (1867) änderte sich etwas an dieser unerfreulichen Situation. 1879 wird in dieser Region – damals gehörte sie zu Westungarn – Ungarisch als Pflichtfach in allen Schulen eingeführt. Die Magyarisierung der Ortsnamen und der Familiennamen der hier lebenden Kroaten wurde, wie bereits erwähnt, staatlich gefördert.

Nach dem Ersten Weltkrieg verlor Ungarn zwei Drittel seines Staatsgebietes; unter anderem auch Teile des heutigen

Burgenlandes (Vertrag von St. Germain, 1920). 1921 vertrieben österreichische Truppen die hier kämpfenden ungarischen Freischärler, die in Oberwart die sehr kurzlebige ungarische Republik „Lajta“ ausgerufen hatten. Im selben Jahr verblieb Ödenburg (Sopron) auf Grund einer Volksabstimmung bei Ungarn, obwohl die überwiegende Mehrheit der hier Lebenden dem deutschsprachigen Kulturkreis angehörte.

In der Zeit des (katholischen) „Ständestaates“ (1934–1938) schlossen sich viele ungarische Protestanten der illegalen NSDAP an und feierten den „Anschluß“ (1938) u.a. mit einem Festgottesdienst. Eine Handvoll ungarische kommunistische Widerstandskämpfer wurde 1943 in Kittsee verhaftet und vier von ihnen wurden hingerichtet.

Das unmittelbare Nachkriegsende ließ die ungarische Minderheit in Österreich nahezu unberührt, da weder die Zahl noch die Notsituation der aus Ungarn vertriebenen Schwaben mit der der tschechischen Sudetendeutschen vergleichbar war. Die Devise der burgenländischen Ungarn – „doppelloyal“ zu Wien und zu Budapest zu sein – störte die in Wien lebenden ehemaligen kommunistischen Flüchtlinge der kurzlebigen „Räterepublik“ nach dem Ersten Weltkrieg überhaupt nicht. Aus diesen und aus Gründen der russischen Besatzung Ostösterreichs und von Teilen Wiens zogen die (eher wenigen) emigrierten „Pfeilkreuzler“ (die ungarische Nazi-Abart) nach Westösterreich, vorwiegend nach Innsbruck.

1968 wurde der ungarische Kulturverein im Burgenland gegründet, der ab 1979 als erste Minderheit den Volksgruppenbeirat beim Bundeskanzleramt beschickte.

Als Ergebnis der ungarischen Flüchtlingswellen entstanden zahlreiche ungarische Gruppierungen in Wien, die 1980 im Zentralverband ungarischer Vereine und Organisationen zusammengefaßt wurden. 1983 wurde Ungarisch als Freigegenstand an der Oberwarter Hauptschule, 1987 gemeinsam mit Kroatisch und Deutsch im „Pannonischen Gymnasium“ in Oberwart eingeführt.

Neben zahlreichen kleinen Gruppierungen wird das Interesse der ungarischen Minderheit von zwei größeren Vereinigungen wahrgenommen:

- Burgenländisch-ungarischer Kulturverein (Burgenlandi Magyar Kulturegyesület)
- Zentralverband Ungarischer Vereine und Organisationen in Österreich (Ausztriai Magyar Egyesületek és Szervezetek Központi Szövetsége).

Der Kulturverein strebt u. a. die Einrichtung einer Dienststelle bei der Landesregierung in Eisenstadt, ausgestattet mit einer Art „Ombudsmann"-Funktion für die Minderheiten, an. Gefordert wird auch die Einführung des Ungarischen als Wahlpflichtfach an allen höheren Schulen des Burgenlandes und der weitere Ausbau des „Volksgruppengymnasiums" in Oberwart. Obwohl sich führende Funktionäre des ungarischen Kulturvereins immer noch gegen eine Ausweitung der Volksgruppen aussprechen und die Anerkennung von „Emigranten" als Minderheiten ablehnen, unterhält der Zentralverband in Wien in der Volkshochschule „Urania" eine ungarische Wochenendschule und sucht eine Wiener Schule, an der – auch – Ungarisch (Sprache, Geschichte und Literatur) unterrichtet werden könnte. Obwohl im Burgenland nur halb so viele Ungarn wie in Wien leben, gibt es in der Bundeshauptstadt – im Gegensatz zu Eisenstadt – keine ungarischen Rundfunksendungen.

In den Volksgruppenbeiräten streiten nicht nur die Slowenen, sondern auch die Ungarn, wobei es – offen oder verschwiegen – meist um die Aufteilung der Förderungsmittel geht. Die unzufriedenen Ungarn sprechen es offen aus, nachdem sie für das Jahr 1999 4,15 Millionen Schilling, gleichviel wie die Tschechen und die Roma, obwohl sie doppelt so viele Mitglieder haben, erhielten. Slowenen und Kroaten, obwohl sie „nur" doppelt so viele wie die Ungarn sind, erhalten viermal mehr als die Magyaren.

TSCHECHEN: VERLUSTTRÄCHTIG UND HOFFNUNGSFROH

Volkszählung 1991: 9.822
Selbstschätzung: 30.000

Noch heute zeugt das Wiener Telefonbuch davon, daß Wien einst, nach Prag, die zweitgrößte „tschechische Stadt" war. Knapp vor der Jahrhundertwende kamen über 200.000 aus Böhmen und Mähren in Wien an und gründeten hier ihre zahlreichen Sport-, Schul- und Kulturvereine. In solch einem Fußballklub „wuchs" auch der einst legendäre Wiener „Wunderspieler", Matthias Sindelar, auf. Obwohl 1918, nach der Gründung des liberalen Musterstaates „Tschechoslowakei", ein Gutteil der Zugewanderten heimkehrte, zählte damals die Wiener Komensky-Schule über 4.000 Schüler.

Die Geschichte der heute rund 10.000 Wiener Tschechen ist alles andere als uninteressant; so regierte und residierte der böhmische König Przemysl Ottokar II. von 1253 bis 1278 in Wien. Die erste schriftliche Erwähnung der Wiener Tschechen stammt allerdings erst aus dem Jahre 1619. Es dauerte über ein Jahrhundert, bis 1761 die erste tschechische Zeitung in Wien erschien.

Im Zuge der ersten großen tschechischen Zuwanderung (Ende des 18. Jahrhunderts) entstanden mehrere tschechische Theater- und Kulturvereine. Die nächste große Welle (1880–1890) brachte die bereits erwähnten 200.000 „Böhmen" nach Wien. Trotz schneller Assimilierung gaben 1910 über 100.000 Personen in Wien „Tschechisch" als Umgangssprache an. Obwohl nach der Gründung der Tschechoslowakischen Republik (28. Oktober 1918) ca. 180.000 Tschechen heimkehrten, gaben 1923 immer noch 80.000 diese Umgangssprache in Wien an. Infolge dieser hohen Zahl entstand 1923 ihr erster „Minderheitenrat" in Wien.

Obwohl sich 1939 die Tschechen vom Militärdienst befreien konnten, operierten ihre Widerstandsgruppen erfolgreich und legten mehrere Rüstungsbetriebe in Wien lahm. Nach Verrat und Verhaftung wurden 20 ihrer Anführer nach Mauthausen deportiert. 1943 wurden Alois Houdek in Wien enthauptet und 1944 Alois Valach erschossen.

Nach dem Zweiten Weltkrieg entstanden erneut mehrere Minderheitenvereine, die sich aus politischen Gründen – Anerkennung bzw. Ablehnung der kommunistischen ČSSR – gegenseitig bekämpften. Im Schatten dieses „Bruderkampfes" konnten bei zwei Volkszählungen – 1951 und 1961 – die Daten dieser Minderheit aus „Manipulationsgründen" nicht ausgewertet werden.

Nach der Niederwerfung des „Prager Frühlings" (1968) emigrierten 10.000 ČSSR-Bürger nach Österreich, 1971 bekannten sich 8.000 Personen zur tschechischen Sprachengruppe, und 1976 erfolgte ihr Anerkennung als Volksgruppe. Zwei Jahre nach der Teilung ihres Staates (1992) wurde 1994 der tschechische Volksgruppenbeirat als selbstständige Interessenvertretung gegründet.

Keine Minderheit mußte einen zahlenmäßig so hohen Verlust wie die tschechische in Kauf nehmen: 1900 bekannten sich noch fast 400.000, 1991 kaum 10.000 zu dieser Sprachengruppe, wobei in der Volkszählung 1991 noch Tschechisch und Slowakisch als eine „Umgangssprache" zusammengefaßt wurde.

Die tschechische Minderheit wird von zwei Organisationen, die nach dem Zweiten Weltkrieg gegründet wurden, vertreten:

- Minderheitenrat der tschechischen und slowakischen Volksgruppe in Österreich (Mensinova rada ceske a slowenske vetve v Rakousku)
- Vereinigung tschechischer und slowakischer Vereine in Österreich (Sdruzeni spolky Ceahv a Slovaku i Rakousku)

Der „Minderheitenrat" entstand nach dem Prager KP-Putsch 1948 als typische Exil-Organisation. Seine Sprecher beklagen die herabwürdigenden „Spottreime und Witze" gegen die Angehörigen der tschechischen Volksgruppe und das Fehlen eigener ORF-Sendungen. In Ermangelung einer eigenen Mittelschule unterstützen sie die Idee eines „Internationalen Volksgruppengymnasiums“ in Wien; hier sollten einzelne Gegenstände nicht nur in Deutsch, sondern auch in Tschechisch, Slowakisch, Ungarisch, Kroatisch – und Türkisch unterrichtet werden.

In Konkurrenz zum Minderheitenrat entstand 1990 die „Vereinigung“, um vor allem die „tschechische Kultur“ (Schulverein Komensky, Elternverein, Kulturklub usw.) in Wien verstärkt zu unterstützen. Auch der 130 Jahre alte Turnverein „Sokol“ soll zu neuem Leben erweckt werden.

SLOWAKEN: KLEIN UND KONSEQUENT

Volkszählung 1991: 1.015
Selbstschätzung: 5.000

Zur kleinsten ethnischen Minderheit, den Slowaken, bekannten sich 1991 835 Personen in Wien (Gesamtösterreich: 1.015). 1992 wurden sie als eigenständige Volksgruppe anerkannt. Einst lebten in Wien bzw. im Umland 70.000 Slowaken, überwiegend als Erntehelfer, aber auch als Gemüsehändler und Ziegeleiarbeiter.

Auch die Geschichte der Slowaken in Ostösterreich ist alt und bedeutend, wenn auch mit der der Tschechen kaum vergleichbar. Ende des 17. Jahrhunderts kamen die ersten Slowaken nach Niederösterreich. Viele ihrer Söhne assimilierten sich schnell, so ihr Wortführer Adam Kollar (1760) und Jan Kollar, der 1843 Professor für Slawistik an der Wiener Universität wurde. Zwischen 1870 und 1918 kamen im Zuge einer slowakischen Massenauswanderung viele nach Ostösterreich. 1922 wurden die ersten slowakischen Vereine in Wien gegründet, und ab dieser Zeit herrschte kaum mehr Einvernehmen mit den Tschechen in Wien.

Während der NS-Zeit kollaborierten viele Wiener Slowaken, im Schatten ihrer nazifreundlichen Heimat, mit der braunen Barbarei.

Die Auseinandersetzungen nach dem Zweiten Weltkrieg zwischen den beiden Minderheiten nahmen weiter zu. 1994 wurde der slowakische Volksgruppenbeirat – obwohl die tschechischen Vereine in ihren Bezeichnungen immer noch die „slowakische" tragen – gegründet. Die slowakische Minderheit wird heute offiziell von einer einzigen Organisation vertreten:

• Österreichisch-Slowakischer Kulturverein (Rakusko-Slowensky Kulturny Spolok).

Da es in Wien keine slowakische Schule gibt, mußten sie lange Zeit die Dienste der tschechischen Komensky-Schule, die als Schulversuch slowakischen Sprachunterricht führt, in Anspruch nehmen. Mit der Unterstützung des Wiener Stadtschulrates wird Slowakisch in einer Volks- bzw. Hauptschulgruppe seit September 1994 unterrichtet.

Eine Zeitschrift („Pohlady"), Vereinsbibliotheken und ein Kulturzentrum der slowakischen Botschaft in Wien sollen Sprache und Kultur der in Wien lebenden Landsleute erhalten.

Der Kulturverein fordert slowakische ORF-Sendungen und fördert die Bestrebung der in Wien lebenden Ukrainer, als eigene Volksgruppe anerkannt zu werden. Das Verhältnis zur österreichischen Mehrheitsbevölkerung wird vom Kulturverein als „gut" und als von einer „allgemeinen Toleranz geprägt" bezeichnet. Der einzige Wermutstropfen der slowakischen Minderheit sind die geringen Förderungsmittel; von den 1998 ausgeschütteten insgesamt 20 Millionen Schilling entfielen auf sie nur 300.000 Schilling.

Volkszählung 1991: 122
Selbstschätzung: 40.000
Die bisher jüngste anerkannte Minderheit in Österreich, die der Roma und Sinti, ist für die einen, wenn auch verspätete Wiedergutmachung der (nicht nur) von den Nazis verfolgten Zigeuner, für die anderen eine gewisse Öffnung der engbegrenzten ethnischen, herkunftslandbezogenen Grenzen der anerkannten und geförderten Minderheiten („Volksgruppen"). So oder so: Am 24. Dezember 1993 wurde die sechste Volksgruppe, die der Roma und Sinti, offiziell anerkannt.

Bei keiner Minderheit unterscheiden sich die offiziellen Angaben (1991: 122 Personen) von der Selbstschätzung (bis zu 40.000) wie bei den seit dem 14. Jahrhundert in Österreich lebenden Roma.

Seit sechs Jahrhunderten werden auch in Österreich die Roma verfolgt oder zumindest verachtet. Der bisher jüngste Gewaltakt gegen die burgenländischen Roma war das entsetzliche Bombenattentat am 4. Februar 1995 in Oberwart, dem vier unschuldige Roma zum Opfer fielen.

Die Einstellung den burgenländischen Roma gegenüber entzweite einst auch die wahren Beherrscher des alten Burgenlandes, den ungarischen Hochadel. Während die Esterházys die Roma-Ansiedlungen mehrmals verboten haben, förderten die Batthyánys die Zigeunersiedlungen.

Die Grausamkeit den Roma gegenüber nahm bereits im 18. Jahrhundert entsetzliche Ausmaße an. So verfügte z. B. 1725 Karl VI. die Hinrichtung aller männlichen Zigeuner, während man ihren Frauen und Kindern die Ohren abschnitt.

Mit weniger drastischen Mitteln, doch auch nicht sehr human, versuchten Maria Theresia und Joseph II. die Roma zu „zivilisieren". Die „aufgeklärte" Kaiserin verbot sogar die Verwendung ihrer Muttersprache.

Eines der größten Hindernisse auf dem Weg der Roma-Emanzipation ist das Fehlen einer Schriftsprache. Eine der ersten, wissenschaftlich fundierten Alphabetisierungen des „Roman“ erfolgte 1996 an der Grazer Universität, wo Prof. Dieter Halwachs lange Zeit an der Kodifizierung und Didaktisierung der bisher nur mündlich verbreiteten Sprache der Zigeuner arbeitet.

Die burgenländischen Roma entstammen der „Ungriko“-Gemeinschaft, da ihre Sprache von vielen ungarischen Lehnwörtern durchsetzt ist. Im 19. Jahrhundert wanderten überwiegend aus Ungarn auch Lovara-Sippen ins Burgenland, die als Pferdehändler („ló“ bedeutet auf Ungarisch „Pferd“) ihr Brot verdienten. Zu gleicher Zeit zogen aus Bayern und Böhmen Sinti ins heutige Burgenland. Die bisher letzten größeren Zigeuner-Migranten kamen aus Rumänien und aus dem ehemaligen Jugoslawien nach Österreich.

In der Zwischenkriegszeit mußten sich alle Roma im Burgenland polizeilich registrieren lassen; es waren knapp über 7.000. Bereits im „Anschluß“-Jahr (1938) wurden diese Unterlagen dem berüchtigten „SS-Rasse- und Siedlungsamt“ übergeben. Das Ergebnis war ihre Deportation nach Dachau, Buchenwald und später nach Auschwitz und Mauthausen.

1945 kehrten rund 700 Überlebende in ihre Heimat zurück; die Opferanerkennung wurde ihnen jedoch untersagt. Die ersten Entschädigungen wurden erst 1961 zuerkannt.

Der erste Roma-Verein wurde 1989 in Oberwart gegründet; 1991 entstanden die Vereine Romano Centro in Wien und 1993 der Verband österreichischer Sinti in Villach. 1993 wurde, wie erwähnt, ihre Volksgruppe beim Bundeskanzleramt anerkannt und 1994 eröffnete das Minderheitenschulgesetz im Burgenland die Möglichkeit einer schulischen Ausbildung auch in Romanes.

Die Roma- und Sinti-Vereine unterhalten Beratungsstellen, vor allem im schulischen und ausbildungsmäßigen Angelegenheiten und haben sich den Abbau der massiven Vorurteile zum gemeinsamen Ziel gesetzt.

Der Kulturverein in Wien versteht sich als „offizielle" Vertretung der Roma und auch der Sinti in Österreich. Außer einer Informationszeitschrift („Romano Kipo") werden Ausstellungen und wissenschaftliche Tagungen veranstaltet. Führende Funktionäre des Kulturvereins bemängeln das Fehlen eigener ORF-Sendungen in ihrer Sprache und die Möglichkeit, eigene Abgeordnete in die gesetzgebenden Körperschaften zu entsenden. Der Romano-Centro-Verein arbeitet auch als Bindeglied zu den 8 bis 10 Millionen Roma auf der ganzen Welt.

3. Religionen – keine Minderheiten

Die Hauptkriterien einer in Österreich anerkannten ethnischen Minderheit – österreichische Staatsbürgerschaft, nichtdeutsche Muttersprache, eigenes Volkstum und das Prinzip der „Beheimatung" – bilden die freiwilligen und nichtghettoisierten Grenzen einer, auch öffentlich-rechtlich anerkannten Minderheit.

Die „Minderheitenfrage" in Österreich, die genau genommen gar keine und keineswegs eine politische ist, betrifft nur die ethnischen, da die religiösen Minderheiten im praktischen Sinne keine sind. Das zuständige Kultusamt des Unterrichtsministeriums registriert zwölf staatlich anerkannte Religionsgesellschaften, zu denen sich – laut Volkszählung 1991 – über sieben Millionen Menschen bekennen. Es sind dies die Katholische Kirche, die Evangelischen Kirchen A. B. und H. B., die Griechisch-Orientalische Kirche, die Christlich-Orthodoxe Kirche (serbische, rumänische, russische und bulgarische), die Israelitische Kultusgemeinde, die Islamische Glaubensgemeinschaft, die Altkatholische Kirche, die Methodisten Kirche, die Kirche Jesu Christi der Heiligen der

Letzten Tage, die Armenisch-Apostolische Kirche, die Neuapostolische Kirche, die Buddhistische Religionsgesellschaft und die Syrisch-Orthodoxe Kirche. Diese Religionen können die ihnen zustehenden Rechte und Möglichkeiten vom Religionsunterricht in den Schulen bis zu den ORF-Sendungen, nach Maßgabe ihrer Möglichkeiten, in Anspruch nehmen.

Während das Bekenntnis zu einer dieser Religionen nur an die jeweilige Mitgliedschaft gebunden ist, müssen anerkannte Minderheiten („Volksgruppen") vier Kriterien erfüllen: österreichische Staatsbürgerschaft, nicht-deutsche Muttersprache, eigenes Volkstum und das Prinzip der „Beheimatung".

Im Gegensatz zu den „religiösen Minderheiten" könnte die Frage der ethnischen Minderheiten auf eine gefährliche Art ideologisiert werden.

Verschiedene politische Tendenzen, die von einer (multikulturellen) Renaissance selbstgewählter „Volksgruppen"-Minderheitensprecher über eine Entpolitisierung der Volksgruppen bis hin zur Öffnung des Systems „Neuen Minderheiten" (Gastarbeiter, Behinderte usw.) gegenüber und schlußendlich bis zu den mörderischen Bombenattentaten (Oberwart, Stinatz und Wien) reichen, verunsichern und beeinflussen negativ die bisher ausgewogene, im großen und ganzen harmonische Praxis der Minderheitenpolitik in Österreich. Es ist jedoch anzunehmen, daß die mittelwegige heimische Praxis auch mit diesen Auswirkungen und Auswüchsen pragmatisch fertig wird.

Auf der Schattenseite der gesamteuropäischen Integration blühen (auch) ethnische Segregationen in Form minderheitlicher Emanzipationsbestrebungen. Diese Grüppchen fordern die Anerkennung der Minderheiten als Gesamtkollektiv und streben eine deutlich gekennzeichnete und abgegrenzte ethnische Homogenität an, gewissermaßen einen „Staat im Staat". Vor den gefährlichen Folgen dieser Tendenzen warnt auch Marjan Sturm, Vorsitzender des slowenischen Volksgruppenbeirates: „Zum einen provoziert die Konzeption einer ethnischen Homogenisierung der Volksgruppen die Gefahr, von den staatlichen Instanzen bzw. von der Mehrheitsbevölkerung als Bedrohung der staatlichen Integrität mißdeutet zu werden. Zum anderen zwingt das Kollektiv-Verständnis die Volksgruppe als gesamtes in ein Konkurrenzverhältnis zu den politischen Parteien der Mehrheitsbevölkerung." Und Sturm schließt: „In dieser Auseinandersetzung müssen die Volksgruppen – allein schon deswegen, weil in jedem demokratischen System das Mehrheitsprinzip bestimmend ist – unterliegen."[32]

Die Volksgruppenrechte sollten nicht den Geist einer freiwilligen Ghettoisierung, sondern „individuelle kulturelle Menschenrechte" (Marjan Sturm) signalisieren. Nur auf diesem Weg können die Minderheiten eine kulturelle Bereicherung statt einer undefinierbaren und selbstheraufbeschworenen Bedrohung darstellen.

III. Meinung

4. Kranke „künstliche Kultur"

Die Beibehaltung oder die Aufgabe der „alten", mitgebrachten Kultur von Migranten und Minderheiten muß in einer pluralistisch-demokratischen Gesellschaft frei entschieden werden können. Leicht gesagt. In der Praxis werden diese Entscheidungen von politischen Faktoren bestimmt und gelenkt. Da „Anpassung" und „Assimilation" immer noch mit Zwang assoziiert werden, suchen „freiheitsliebende" Menschen die künstliche Aufrechterhaltung ihrer „angestammten" Kultur. Diese, meist neurotischen „Wurzelsucher" fühlen sich oft als „Kämpfer" für die „Schwachen", und edlen Rittern mittelalterlicher Tugenden gleich schlagen sie wild um sich. Allerdings: Sie legen dabei sehr viel Wert auf eine möglichst breite Öffentlichkeit. So sollte ihr plakativer Kampf für die Rechte steirischer Slowenen, nigerianischer Neger, südamerikanischer Indianer und für wen auch immer von der ganzen Welt registriert werden. Egal wofür sie eintreten, für wen sie auf die Straße gehen, wichtig ist dabei die Anwesenheit von Journalisten und Fernsehkameras, die ihren „Protest" in die Welt hinaustragen.

Die „künstliche Kultur", die auf diese Weise erkämpft oder aufrecht erhalten wird, ist neurotisch, macht krank und dient niemandem – außer den „Kämpfern" selbst, die in Ermangelung eines soliden Berufes die oft einträgliche Beschäftigung eines „Berufsrevoluzzers" wählen.

Kaum ein anderes Thema – wenn man vom Antisemitismus absieht – wird heutzutage dermaßen emotionsbeladen diskutiert, wie der Fragenkomplex „Ausländer", der naturgemäß auch den der Integration, Assimilation, Anpassung, Aufnahme und Ausschließung umfaßt. Dieses Thema ist wahlentscheidend.

An der „Ausländerfront" stehen in Österreich einander überwiegend die Opfer des Verdrängungswettbewerbs (Türken und Exjugoslawen) und die Modernisierungsverlierer (österreichische Pensionisten und Dauerarbeitslose) gegenüber, die beide so gut wie kein Verständnis für die Situation ihrer zu „Feinden" emporgehaßten „Gegner" haben.

Zurecht, wenn auch ziemlich sinnlos, wird von der Politik eine klare Integrationslinie verlangt. Obwohl historische Beispiele Wiens – große Migrationswellen vom Ende des 19. Jahrhunderts bis zum Beginn der Gastarbeiter-Anwerbung um die 60er Jahre – zeigen, daß vollzogene Integration keine politischen Maßnahmen benötigt, werden diese, vor allem seitens der „Minderheiten-Maniker", immer wieder verlangt. Und das und erst recht in einem „Asylland des Lächelns".

„ASYLLAND DES LÄCHELNS"

So manche liberale, mir persönlich sehr sympathische Menschen, verstehen die Welt und die „Ausländer"-Einstellung der Mehrheitsbevölkerung nicht mehr. Sie berufen sich gerne auf einschlägige Beispiele:

Die armen Nachkriegs-Österreicher haben die noch ärmeren Sudetendeutschen (1945) und Ungarn (1956) mit ausgebreiteten Armen und die Tschechoslowaken (1968) mit entgegengestreckten Händen empfangen. Auch die Polen wurden noch – allerdings 1980 – mit einem nach innen gekrümmten „Komm-her!"-Finger empfangen.

Hohle Boote sind nämlich immer leer, tolle Boote immer voll!

Integration ist keine Einbahnstraße, sondern das Ende eines langwierigen Weges, an dessen Anfang die Anpassungsbereitschaft der Ausländer stehen muß. Erst auf diese Bereitschaft kann eine Integrationsmöglichkeit seitens der Mehrheitsbevölkerung erfolgen. „Anpassung bedeutet keine „Assimilation"; also nicht die Aufgabe der eigenen mitgebrachten Kultur, sondern einerseits die Befolgung der Doppel-Loyalität (seitens der Ausländer) und andererseits die Bereitschaft zur kulturellen Bereicherung (seitens der Mehrheitsbevölkerung).

Aus wirtschaftlichen (drohende Arbeitslosigkeit) und aus politischen Gründen (Angst vor rechtsradikalen Parteien) wird in jedem europäischen Land die „Fremdengesetzgebung“ verschärft. So wurde, trotz Protesten, in Frankreich vom Parlament ein relativ hartes Ausländergesetz verabschiedet. Dank der Protestbewegung in Paris wurden allerdings die so genannten strikten „Beherbergungszertifikate“ (Meldepflicht der Quartiergeber über die Abreise ihres ausländischen Gastes) aus dem Gesetz genommen. Allerdings können jetzt die Behörden die illegale Einwanderung stark reduzieren. Eine ähnliche Politik betreiben vor allem die südeuropäischen EU-Mitglieder, die eine nicht unberechtigte Angst vor illegalen Einwanderern aus Afrika haben, wobei die Albaner im armen Süditalien eine Ausnahme bilden. Aber auch die nordeuropäischen Ländern, vor allem Finnland, trachten danach, ihre Grenzen dicht zu machen.

Ein Sonderfall ist Deutschland mit seiner immer größer und stärker werdenden türkischen Minderheit. Abgesehen von den verbrecherischen Anschlägen, meist auf ostdeutsche Asylheime, die man nur mit Abscheu kommentieren kann, stehen die Bundesdeutschen vor großen Integrationsproblemen der dort lebenden Türken, deren offen ausgesprochenes Ziel es ist, eine Art „Türkei in Deutschland“ zu errichten.

Wie wenig sich die Türken – man verzeihe mir diese Verallgemeinerung – in Deutschland integrieren wollen, beweist ein Ausspruch eines 17jährigen jungen Türken, wiedergegeben in der links-liberalen Wochenzeitung „Die Zeit“: „... Ergün aus Dortmund glaubt, daß ... irgendwann ‚eine kleine Türkei in Deutschland‘ entstehen wird. Manche Viertel wie jenes, wo er selbst wohnt, sind es schon heute. ‚Bei uns wohnen 95 Prozent Türken, aber zweimal am Tag läuten am Borsogplatz die Kirchenglocken!‘ empört er sich.“

Ich fürchte, daß sich so manche Deutsche über diesen Ausspruch des 17jährigen jungen Türken noch mehr „empören" werden.

Zurück zur österreichischen Situation, wo wir dank einer rechtzeitig eingeleiteten Ausländer-Kontingentierung der Gastarbeiter und durch die Tatsache, daß rund 65 Prozent der ausländischen Arbeitnehmer Exjugoslawen, die sich bereits in der zweiten Generation vollständig integrierten, und nur etwas über 20 Prozent Türken mit ihrer sehr niedrigen Anpassungsbereitschaft sind, mit brennenden Asylheimen, hoffentlich, nicht rechnen müssen.

Noch eine Tatsache erleichtert die österreichische Situation: Seit dem Ende des kommunistischen Systems übt nur der österreichische Arbeitsmarkt, aber nicht das Land als neue Heimat eine Magnetfunktion auf die ehemaligen „Kronländer" aus.

Die große Angst vor einer „multikulturellen" Gefahr ist irrational (deshalb so gefährlich) und vollends unbegründet. Österreichs Kulturgeschichte beweist am besten, wie wohltuend die zugewanderten Ausländer auf den „Magnet Österreich" immer schon wirkten. Allerdings: Österreich benötigt weder einen „Arbeitsstrich" aus Osteuropa, noch aggressiv bettelnde Roma, Sinti, Lovara und andere Zigeunerstämme; von der Ausländerkriminalität ganz zu schweigen.

Daher sollten wir die heißdiskutierte Ausländerfrage mit einem weinenden und mit einem lachenden Auge betrachten.

Wie es sich in einem Asyl-Land des Lächelns gehört.

Die Angst vor Ausländern, der psychologische Grund der Ausländerfeindlichkeit, ist in Österreich – was den Anteil der (noch) Nichtösterreicher anbelangt – unbegründet. Während z. B. in Frankfurt 22 %, in London 27 % und in Paris 29 % Ausländer leben, beträgt dieser Anteil in Wien lediglich 10,6 %. Der österreichischen Wirtschaft dienen gegenwärtig über 200.000 Gastarbeiter; dazu kommen noch ca. 30.000 „Schwarzarbeiter".

Auch die finanziellen Aufwendungen für die Asylwerber sind – und damit kann man auch das Argument des „Zuviel-Kostens" entkräften – für eine gesunde Wirtschaft durchaus verkraftbar: Seit dem Zweiten Weltkrieg kamen zwei Millionen Flüchtlinge aus 90 Ländern nach Österreich; für diese Menschen mußten in den 55 Jahren zehn Milliarden Schilling ausgegeben werden. Aus diesen zwei Millionen Menschen sind jedoch, und auch das darf nicht unerwähnt bleiben, 600.000 „gute Österreicher" geworden.

Die Ausländerfeindlichkeit, die in Österreich keinen objektiven Grund, aber einen psychologischen Boden hat, ist keine Zeiterscheinung; vor dem Ersten Weltkrieg war die (wortwörtlich) einschlägige Situation – heimische Arbeiter schlugen immer wieder ihre lohndrückenden ausländische Schmutzkonkurrenz krankenhausreif – bedeutend schlimmer als heute. So begrüßte die „Arbeiter Zeitung" im Jahre 1905 die böhmischen Billigarbeiter in Wien mit „herabgekommene(n), halbverlotterte(n) Individuen, ... (die sich) von der Arbeit ... zeitlebens ferngehalten" haben.

In regelmäßigen Abständen durchgeführte soziologische Erhebungen weisen seit der Öffnung der „Ostgrenzen" nach, daß über 70 Prozent der Österreicher das Niederreißen des Eisernen Vorhanges für „ungünstig" halten und daß sie gleichzeitig ein Ansteigen der Kriminalität in Österreich erwarten. Und als Folge der osteuropäischen Entwicklung befürchten vier von fünf Österreichern „zunehmende Spannungen und Konflikte" und jeder zweite scheint davon überzeugt zu sein, daß die Umweltqualität zwischen Boden- und Neusiedlersee deshalb schlechter wird.

Freude und Trauer, Lachen und Weinen, Beten und Fluchen kommen nicht aus dem Hirn, sondern aus dem Herzen. Auch und erst recht kommt der Haß. „Der emotionale Vorgang der Ausländerfeindlichkeit wird nur scheinbar erklärt, indem man ihn ausschließlich mit sozialer Angst begründet" – so der Psychiater Prof. Erwin Ringel, einer der besten Kenner der „österreichischen Seele".

Im Asyl-Land des Lächelns war es schon immer so. Als sich um die Jahrhundertwende das Habsburger Reich anschickte, auf das heutige Rest- und Rumpfösterreich zu schrumpfen, wurde hierzulande alles „Undeutsche" als „Untermenschsein" verteufelt. Von den Deutschnationalen von Haus aus, von den Christlichsozialen ohnedies, da Bethlehem recht weit ist, aber auch von den Sozialdemokraten, dessen jüdischstämmigen Begründer, Victor Adler, nur der Antisemitismus von Schönerers Altdeutschen trennte. Immerhin warnte Otto Bauer, Adlers Nachfolger und selbst ein Jude, vor der „nationalen Gefahr" der tschechenbleibenwollenden Mähren, die sich anschickten, alle Wiener Hausmeisterposten zu besetzen.

Fachleute mit politischem Gefühl und Politiker mit fachlichem Wissen fordern seit Jahren eine „koordinierte Zuwanderungspolitik" (Rainer Münz), die sich nicht in Visumpflicht, nicht in durch Militär gesicherte Grenzen, Gendarmerie- und Polizeiaktionen, garniert mit einer bundesweiten Streuung der Flüchtlinge und Asylanten und schließlich mit einem Schnellverfahren im Flüchtlingslager gewürzt, erschöpft.

Das einzige, was sowohl verantwortungsvollen, aber auch marktschreierischen Politikern dazu unisono einfällt, ist eine behutsame Integration, eine strikte Obergrenze der Neuaufgenommenen, eine Öffnung des Weiterflusses und Deutschunterricht vom Kindergarten bis zum Altersheim.

Im Dunstkreis dieser und ähnlicher Maßnahmen rümpfen gutmeinende Sozialutopisten ihre Nasen und fordern schlicht und einfach „Mehr". – Das Tragische an der Ausweglosigkeit dieser Sackgasse liegt in der einfachen Erkenntnis, daß es schlichtweg nichts anders als diese vielkritisierten „phantasielosen Maßnahmen" gibt.

Natürlich gibt es auch phantasievollere Vorhaben, die ein Teil dessen sind, was wir „Kultur" nennen, und die neben den notwendigen legistischen, exekutiven und edukativen Maßnahmen laufen müssen.

Diese gesamtkulturellen Schritte führen zu einer optimalen Statussicherheit, die man allerdings nicht kollektiv qualifizieren kann, da die ethnischen, religiösen bzw. schicksalsgemeinschaftlichen Gruppen unterschiedliche Eigenschaften im Hinblick auf den Integrationsprozeß haben. Diese Zielsetzung bedingt – wie schon gesagt – einen systematischen „transkulturellen Weg", der aus folgenden Stationen besteht:

• Multikultur ist die Voraussetzung als „kulturelle Mitgift" für Landwechsel mit der Aussicht auf eine neue Heimat.

• Interkulturelle Kommunikation zeigt eine offene, aufnahmebereite Begegnung zwischen Minoritäts- und Majoritätskultur (folkloristisch-kulinarische Begegnung und Ausbau interkulturell-kommunikativer Bereicherungsformen).

• Intrakulturelle Integration bedeutet kollektive Gemeinsamkeit nach außen und Mehrfach-Loyalität nach innen.

Dieser transkulturelle Weg bleibt solange in der Theorie haften, bis sich die jeweiligen Teilnehmer bereit erklären, dem Prinzip der gegenseitigen Rücksichtnahme zu folgen und der Praxis der „Anpassungsbereitschaft – Integrationsmöglichkeit" zu entsprechen.

Außerhalb dieser Globalität, mit allen ihren toleranzbereiten und -fähigen Schattierungen, verfolgt die mehrschichtige und vielbahnige „Fremdenfeindlichkeit" die „Geringschätzung" und „Ausschließung".

Fremdenfeindlichkeit ist, wie bereits berichtet, ein Ausdruck kultureller Geringschätzung und drückt eine doppelschichtige Reaktion aus: Sie ist die Antwort auf kulturelle Störungen („zu laut", „zu schmutzig", „zu viel") und auf eigene Frustrationen. Sie wird nicht „von oben" diktiert, sondern „von unten" verlangt. Dementsprechend werden tiefabwertende Begriffe, wie „Kriminaltouristik", „Ost-Mafia", „Asyl-Kriminelle" usw. von manchen Massenmedien genüßlich-auflagenstärkend geprägt.

FREMDENFEINDLICHKEIT UND NEUROTISCHES „WIR-BEWUSSTSEIN"

Die Fremdenfeindlichkeit – und das ist ihr von der Mehrheit gar nicht so ungewolltes Nebenprodukt – stärkt das „Wir-Bewußtsein" (auch das neurotische) der Minderheit und fördert die Lebendigmachung nationaler und religiöser „Wurzeln" der Migranten. Fremdenfeindlichkeit ist immer der Ausdruck einer verunsicherten Gesellschaft, deren Konsenspolitik empfindliche Risse erleiden muß.

Die analoge Reaktion der „Minderheiten" ist gruppen-, geschlechts- und generationsspezifisch:

- Angehörige der zweiten türkischen Gastarbeiter-Generation reagieren geschlechtsspezifisch: Mädchen werden „religiös", Jungen „nationalistisch".
- Seßhafte Roma und Sinti suchen den Schutz vor allem in kirchennahen Organisationen, wandernde Sippen ausschließlich in der eigenen Familie.
- Außerordentlich differenziert antworten Juden auf echten oder nur vermeintlichen Antisemitismus: die Jüngeren – wie die Türken – huldigen einer religiös-politisch (zionistisch) gemischten Lebensform, die Älteren schließen sich in privaten Clubs und Vereinigungen zusammen. Die starkgruppigen „russischen" Juden antworten (auch) auf antisemitische Aktionen mit der gutausgeprägten Homogenität ihrer meist eigenen sephardischen Gemeinschaft.

Das differenzierte Verhalten den „Fremden" gegenüber tritt quantifiziert nur in der Menge auf („zuviele" werden ängstlich abgelehnt), qualifiziert in der ethnischen Bestimmung und Bestimmtheit der unmittelbaren Nützlichkeit (die türkische Putzfrau und ihre Familie sind „brave Leute", die lärmenden türkischen Kinder auf der Straße sind „Störenfriede").

Die feste Grenze der Akzeptanz verläuft entlang einer weichen Ethik: der vorübergehende Fremde (Wanderer, Tourist) wird aus ökonomischen Gründen nie als Feind, aber auch selten als Freund begrüßt; der seßhafte Fremde (Migrant, Gastarbeiter) wird für Belästigung (Lärm, Schmutz) und Verfehlungen (exzessive Ausnutzung der Sozialversicherung) in die Verantwortung genommen. Das (symbolisch) verliehene Wappentier des „gehenden Fremden" ist die Melkkuh und das des „seßhaften Fremden" der Packesel.

Das „Asylland des Lächelns", unser Österreich, seine Regierung und sein Parlament, haben das so genannte „Integrationspaket" geschnürt und zur Anwendung freigegeben. Wie jedes Gesetz, so hat auch das „Fremdengesetz", der eigentliche Paketinhalt, gute und wenige gute Seiten. Ich bin aber davon überzeugt, daß die Philosophie dieses Paketes – „Integration vor Neuzuzug" – richtig und zielführend ist, wobei es völlig falsch wäre, auf die Straße der Integration nur die eine Seite zu stellen. Den ersten Schritt auf diesem Weg müssen jedoch die Ausländer und Asylanten setzen: sie müssen eine möglichst hohe Anpassungs-, wenn schon nicht Assimilationsbereitschaft zeigen.

Vergessen wir nicht: Gäste haben Pflichten und Rechte; Gastgeber Rechte und Pflichten – und zwar in dieser Reihenfolge.

„AUSTROMASOCHISTEN" FÜR RECHTSPOPULISTEN

Als „Ausländer" werden immer nur die „Fremden" erlebt, die in einer gutteils selbstgewählten Zwickmühle landen. Diese Menschen beschrieb Georg Simmel mit solchen, die heute kommen und morgen bleiben.

Die vollzogene Integration – und nur diese – erlaubt die aktive und passive Teilnahme am politischen Leben des Landes. So lange dieses Land als „Gastland" bezeichnet wird, also nicht als „neue Heimat", wäre es gänzlich falsch, das Wahlrecht zu vergeben. Aurelius Freytag macht sich in diesem Zusammenhang unnötige Sorgen ums „demokratische System“[33] und erwähnt dabei den Kanton Genf, der mehr als die Hälfte seiner Einwohner, da sie keine Schweizer Bürger sind, vom Wahlrecht ausschließt. Seine bange Frage: Kann dieser Kanton „noch demokratisch regiert“ werden?

Die Antwort auf diese und ähnliche Fragen fällt eindeutig mit einem „Ja!“ aus. In unserer Zeit der weltweiten Globalisierung und Wanderungsströme bedeutet, irgendwo „Einwohner“ zu sein nicht, daß man auch Teil der politischen Willensbildung geworden ist. Erst die Verleihung der Staatsbürgerschaft und auch die Aufgabe der „alten“ Staatsbürgerschaft signalisieren die prinzipielle Entscheidung des Heimatwechsels, und erst jetzt kann das Wahlrecht beansprucht werden.

Typisch – und gleichzeitig auch integrationshemmend – ist die Fragestellung von Aurelius Freytag nach dem „demokratischen System ... wenn das Volk so exklusiv definiert (wird), daß anteilsmäßig viele der in seiner Mitte Geborenen von der Zugehörigkeit zu diesem Volk ausgeschlossen sind.“[34] Erstens ist man nicht „aus dem Volk“, sondern höchstens aus dem „Wahlvolk“ ausgeschlossen, und zweitens sollten die im Land geborenen die Staatsbürgerschaft anstreben. Schlecht ist die Politik beraten, die eine rasche, ohne Sprach- und sonstige Kenntnisse ermöglichte Einbürgerung betreibt. Diese Neo-Staatsbürger, die weiterhin in ihrem freiwilligen Ghetto leben, verlieren keineswegs die Stigmatisierung des „Fremden“; selbst ihr Staatsbürgerschaftsnachweis trägt somit nicht zur notwendigen Integration bei.

Auch und erst recht nicht in Österreich.

Gutgläubige, naive „Austromasochisten“, die zwar in den Schulen türkische, serbische und kroatische Tänze und Volkslieder, aber keine österreichischen sehen wollen, haben sich, wenn auch ungewollt, zu den Wegbereitern rechtspopulistisch-faschistoider Tendenzen gemacht.

Die größten und wohl teuersten Integrationsbemühungen erfolgen im schulischen Bereich, wo zahllose Begleit-, Förder- und Lehrer für muttersprachlichen Zusatzunterricht an- und aufgeboten werden. Manchmal hat man das Gefühl, daß hinter jedem Ausländerkind ein eigener Lehrer steht. Diese löblichen, wenn auch äußerst kostspieligen Maßnahmen enden oft am Schultor; kaum sind diese besonders geförderten Kinder zu Hause, fallen sie in ihre ghettoisierte familiäre Umgebung und sind in ihrer ganzen Freizeit stolz auf ihre minderheitliche „nationale Identität".

Daher: „Integration versteht sich auch als Auftrag zur Bereitschaft an die Ausländer. Integration ist keine Einbahn. Mit der Integration verbindet sich auch die Erwartungshaltung der Identifikation mit und Loyalität zum demokratischen Gemeinwesen."[35]

„FAUL – IM STAATE DÄNEMARK"

Die eigentlichen Maßnahmen einer wirksamen Migrations- bzw. Integrationspolitik beginnen immer an den jeweiligen (Außen-)Grenzen eines Staates oder einer innerstaatlichen Vereinigung (EU, USA, Indonesien usw.). Die große, vorwiegend von (links-)liberaler Seite geführte Diskussion zum Thema Nationalstaaten und Menschenrechten hört meist im eigenen Land auf. Wer glaubt, daß heutzutage nur von unverbesserlichen Rechtspopulisten rigorose Einwanderungsmaßnahmen oder gar ein Migrationsstopp verlangt wird, der irrt sich.

Selbst in (angeblich) liberalen Ländern, wie z. B. Dänemark, fordern vor allem sozialdemokratische Lokalpolitiker einen eindeutigen Zuwanderungsstopp. Selbst Familienzusammenführungen, die auch die international gescholtene ÖVP-FPÖ-Regierung in Österreich weiterführt, werden in Dänemark rigoros eingeschränkt; so muß in einer Mischehe der dänische Partner älter als 21 Jahre alt sein und über eine entsprechende Unterkunft verfügen, um die Einreise des Ehepartners nach Dänemark zu ermöglichen. Die sozialdemokratischen Bürgermeister aus Kopenhagener Vorstädten, wo die Ausländer-Konzentration besonders groß ist, verlangen von der sozialliberalen Regierung einen rigorosen Zuwanderungsstopp.

Integration ist kein Geschenk des Himmels, sondern eine zunächst von den Migranten zu erbringende Leistung, auch im „liberalen“ Dänemark, wo Eltern, die ihre Kleinkinder in nichtdänischsprachige Kindergärten schicken, die Sozialleistungen verlieren. Und all das bei einem insgesamt nur 4,9prozentigen Ausländeranteil. In Österreich ist diese Rate mehr als doppelt so hoch.

Wie weit die politische Lüge und moralische Doppelzüngigkeit reicht, beweist der Ausspruch des dänischen sozialistischen Abgeordneten Wallait Khan: „Wie kann Ministerpräsident Poul Nyrup Rasmussen Sanktionen gegen Österreich einführen, wenn die eigene Regierung Verschärfungen durchführt, die schlimmer sind als Wiens neues Regierungsprogramm.“[36]

Auch Frankreich, das eine Vorreiterrolle in der EU gegen die österreichische schwarz-blaue Koalition führt, verordnet sich einen extremen Schutz vor zusätzlichen Einwanderern. Da die politische Praxis von Paris extrem exekutivlastig ist, jagt ein Erlaß für Migrationsminderung den anderen.

Es gibt heute kein einziges Land auf der Welt, das seine Grenzen nicht vor illegalen Einwanderern schützen würde und seine Migrationsströme reduzieren möchte.

Der Grenzschutz ist die erste und keineswegs die einzige Integrationsmaßnahme. Der nächste Schritt, wo bereits die Meinungen kraß auseinander laufen, ist die so genannte „Doppelstaatsbürgerschaft“, deren Einführung in der sozialpsychologischen Praxis zu allseits unerwünschten „Parallelgesellschaften“[37] führt. Befürworter der Doppelstaatsbürgerschaft, z. B. im Falle der Türken in Deutschland, rechnen mit einem vermehrten Schutz der „Doppelstaatler“ in ihrer Heimat. Diese Rechnung ist falsch und kann nie aufgehen, da türkisch-deutsche Doppelstaatsbürger keine deutschen Schutzmaßnahmen in der Türkei beanspruchen können, da die Europäische Menschenrechtskonvention nicht nur von der jeweiligen Staatsangehörigkeit abhängt.

Integration ist ein lebendiger, natürlicher Prozeß, der mit restriktiven Maßnahmen (Zuwanderungseinschränkung) gefördert und mit liberalen (Grenzöffnung) zunichte gemacht werden kann. Diese, für wohlhabende liberale Schöngeister, deren Ausländerkontakt sich meist auf die eigene Bedienerin beschränkt, unangenehm klingende soziologische Wirklichkeit hatte im vorigen Jahrhundert noch Gültigkeit.

Warum?

Wie die Hunnen vor über tausend Jahren in ein gutteils menschenleeres Karpatenbecken vorstießen und sich dort, nach Ausrottung der wenigen dort Lebenden, heimisch und breit machen konnten, landeten böhmische und mährische Ziegeleiarbeiter in Wien in einer sehr dünnen „unteren“ Gesellschaftsschicht. An der schlecht entlohnten, dreckigen Arbeit waren „Inländer“ – damals wie heute – kaum interessiert. Ähnlich verlief die Geschichte der so genannten „Ruhrpolen“ in Deutschland, die ab der Mitte des 19. Jahrhunderts in eine leere Region kamen. Das damalige Ruhrgebiet war fast menschenleer, und so schuf die rasant entwickelte Kohle- und Stahlindustrie einen willkommenen Schmelztiegel.

Die ihnen aus rein ökonomischen Gründen gebotenen Chancen haben die böhmisch-mährischen Zuwanderer in Wien, wie die Polen im Ruhrgebiet, schnell und erfolgreich wahrgenommen und paßten sich in Windeseile an die jeweilige Gesellschaft an. Aus ihren Abkömmlingen wurden „gute“ Deutsche und Wiener. Und noch etwas: Die Ruhrpolen kamen nicht aus Polen – das es damals noch gar nicht gab –, sondern aus Preußen mit der deutschen Staatsbürgerschaft in der Tasche und auch die Böhmen und Mähren kamen in kein fremdes Land, sondern in die Haupt- und Residenzstadt ihrer Monarchie. Und das Allerwichtigste: sie waren alle Christen.

Aus diesen und ähnlichen Gründen kann man die damalige „Schmelztiegel"-Situation nicht mit der heutigen Migrations- und Integrationsrealität vergleichen; vor allem nicht dort, wo anscheinend unüberwindbare Barrieren, meist aus den Bausteinen der Religionen, hochgezogen werden.

Trotzdem: Der Integrationsweg war auch im 19. Jahrhundert nicht unproblematisch: Zu Recht weist der Oldenburger Stadtsoziologe Walter Siebel auf die schlichte Tatsache hin, daß „es fast hundert Jahre und Lebensspannen dreier Generationen dauerte, bis heute mit dem Namen Schimanski ein beliebter deutscher Schauspieler und nicht das Schimpfwort Polack assoziiert wird."[38]

Anderssein und Fremdheit schließen Integration aus bzw. erschweren diese. Daher: „Die Voraussetzung für die Integration des Fremden definiert … auch eine Schranke möglichen Anderssein und zulässiger Fremdheit" – wie es der deutsche Sozialwissenschaftler Karl Otto Apel[39] formuliert.

Auch Walter Siebel beruft sich auf den von uns erwähnten natürlichen Prozeß der Integration: „Soziale Integration des Fremden in modernen Gesellschaften gelingt nur innerhalb der Grenzen, die der Prozeß der Zivilisation im Verlauf einer langen Geschichte errichtet hat, und diese Grenzen verlangen Anpassungsleistungen, die das Individuum nur in einem langen Sozialisationsprozeß erwirbt."[40]

AUSWANDERN IN DIE FASCHISTISCHE VERGANGENHEIT

Integration war und ist primär ein ökonomischer Prozeß. Zur Zeit der Zunft- und Großfamilienwirtschaft haben Fremde eine ähnliche Rolle wie die Saisonniers heute erfüllt: sie konnten für eine gewisse kurze Zeit einfache Handlangerdienste leisten und mußten nach Ablauf ihrer Notwendigkeit als Arbeitskraft weiterziehen.

Die Industrialisierung hat den Arbeitsmarkt „verstaatlicht", und so wurden aus Arbeitskräften Migranten und aus Migranten Inländer im Schmelztiegel. Auch die Integration arabischer Ärzte in Duisburg und Dornbirn erfolgt ausschließlich aus (sozial-)ökonomischen Notwendigkeiten und nicht aus christlicher Nächstenliebe: in beiden Städten herrschte Ärztemangel. Für die vollzogene Integration der in Deutschland und in Österreich promovierten Mediziner aus arabischen Ländern werden Andersaussehen und Sprachakzent von der Mehrheit akzeptiert. Wer sich an Farbe und Form des Körpers der arabischen, indischen und afrikanischen Ärzte stößt, der – und nur der – kann als „Rassist" bezeichnet und beschimpft werden. Die Menschen mit rassistischen Ansichten haben in unserer demokratischen Gesellschaft keinen legalen Platz; sie sollten in die faschistische Vergangenheit auswandern.

Rassismus tötet die Integration. Menschen, die nicht an ihren „kulturellen Taten, sondern an ihrer Rasse, Religion, Haupt- und anderen Farben gemessen werden, haben überhaupt keine Integrationschancen." So der in London geborene Wiener Wirtschaftsmanager Michael Brooks. Dieser „negative Rassismus" macht aus ihnen Menschen zweiten Grades, stempelt sie zu „Untermenschen", zu politischem „Freiwild", Menschen die jederzeit verfolgt, vertrieben und auch liquidiert werden können; diese Vorurteile machen jedwede Integration unmöglich.

Allerdings: Auch der „positive Rassismus", die freiwillige Ghettobildung, die aus der betreffenden Gemeinschaft selber kommt, erschwert und verhindert sogar den gesamten Integrationsprozeß, dessen Verlauf – zumindest in der, vom Autor dieses Buches entwickelten soziologischen Theorie – relativ einfach ist:

Integration = Anpassungsbereitschaft + Aufnahmemöglichkeit

Oder anders formuliert: die Integrationsmöglichkeit wird nur für anpassungsbereite Menschen (Migranten) geboten, die – zumindest nach außen hin – bereit sind, sich die Kultur ihres Ziellandes zu eigen zu machen.

Integration und Heimatwechsel signalisieren auch in unserer Zeit der Globalisierung eine kulturelle Fokussierung: Der Migrant muß sich – zumindest schwerpunktmäßig – für ein Land, für eine Kultur entscheiden. So denkt auch der deutsche „Grün"-Abgeordnete im EU-Parlament, Ozan Ceyhun. Der gebürtige Türke und in jeder Hinsicht vollintegrierte Rüsselsheimer besuchte seine „alte Heimat" Türkei – und bestand dort auf einen Dolmetscher, weil er – als deutscher Parlamentarier – die Mutter- nicht mit der Verkehrssprache verwechselte. Sein Bekenntnis („Jetzt ist Deutschland meine Heimat", „Stern", 8/2000) ist beispielgebend. Ceyhun kämpft im EU-Parlament auch für Deutsch als Amtssprache: „Deutsch ist die Sprache von 90 Millionen EU-Europäern." – So muß eine echte und in jeder Hinsicht vollzogene Integration aussehen!

Die Gesellschaft ist weder statisch, noch unterliegt sie einigen wenigen „eisernen Gesetzen". So verläuft auch die erfolgreiche, weil natürliche Integration in der Mitte zwischen einer realitätsfremden Multikultur und einer menschenverachtenden Gleichmacherei. So müssen auch türkische Gemüse- und Obsthändler in Wien und Wiesbaden die österreichische und deutsche Gewerbeordnung akzeptieren und, auch wenn ihre Kunden gutteils Türken sind, müssen sie mit Wiener und Wiesbadener Großhändlern, die keine Türken sind, zusammenarbeiten.

Eines muß uns allerdings klar sein: Die gewohnte Homogenität unserer (Groß-)Städte gehört endgültig der Vergangenheit an; wir alle werden mit zunehmender Differenz der Sprachen, der Religionen und auch des Aussehens leben müssen. So wie „Stadtluft" einst frei und heute krank macht, nützen immer mehr Migranten die Anonymität und auch die Fremdheit der Metropolen und schließen sich dort in ihren Ghettos – ganz nach US-Vorbild – zusammen.

Migranten bringen in die Städte Kraft und schaffen Unruhe. Das wußte bereits einer der Ahnherren der Soziologie, Werner Sombart: „Diejenigen Individuen, die sich zur Auswanderung entschließen, sind … die tatkräftigsten, willensstärksten, wagemutigsten, kühlsten, am meisten berechnenden, am wenigsten sentimentalen Naturen; ganz gleich, ob sie wegen religiöser oder politischer Unterdrückung oder aus Erwerbsgründen sich zu der Wanderung entschließen …"[41]

Auch anpassungswillige Migranten gehören ein Leben lang zwei Kulturen, oder besser gesagt: keiner Kultur an, da sie oft zwischen allen soziologischen Stühlen sitzen. Da man sich zwischen den Stühlen nur selten bequem niederlassen kann, bleiben die Migranten wachsam, chancensuchend und müssen einen höheren Intelligenzquotient entwickeln als die in angestammten Lehnstühlen dahinschlummernden Bequemen. Das Beispiel des intelligenten Straßenköters, der um sein Überleben unaufhörlich kämpfen und geschickt sein muß, und des rassenreinen, verhätschelten, dummen Hundes, der von seinem Besitzer mit Küssen und Schokolade vergiftet wird, drängt sich hier logischerweise auf.

Auch Georg Simmel, der Vater der Stadtsoziologie, kannte die hohe kulturelle Bereicherung der anpassungsbereiten Migranten. Die kulturell entwurzelten Migranten hingegen, die stets zwischen allen Stühlen sitzen, entwickeln für sich

– so Simmel – eine „besondere Freiheit und Distanz, die sie zu kritischer Reflexion und ungewöhnlichen Leistungen befähigen."[42]

Linksliberale Zivilisationsmasochisten, die alles in Frage stellen was nach „Christentum", „Kapitalismus" und „Wohlstandsgesellschaft" riecht und eine grenzenlose Anerkennung „ausländischer" Interessen und Gewohnheiten von den Inländern verlangen, wollen eine simple Tatsache nicht akzeptieren: die Heimatländer europäischer Migranten organisieren sich nach einem „Null-Toleranz"-Muster. Wer sich in einer Stadt der südlichen Hemisphäre niederläßt, der muß sich kompromißlos an die dort herrschenden Gesetze, Normen und Sitten anpassen. So wäre es z. B. gar nicht so unhübsch, die Zahl der christlichen Kirchen und Synagogen in den muslimischen Ländern mit der der Moscheen in Westeuropa zu vergleichen. Natürlich sind die Türkei und die anderen islamischen Staaten für unser Demokratieverständnis keine leuchtenden Beispiele, aber auch die einseitige Forderung nach völliger Akzeptanz der gewollt zur Schau getragenen Andersartigkeit und Negation einheimischer Sitten durch „südliche" Migranten entspricht keinem demokratischen Selbstverständnis. Auch Inländer haben noch kulturelle Rechte!

Unsere liberale Wohlstandsgesellschaft, das demokratische Rechts- und ein gutausgebautes Sozialsystem, vor allem aber ein expandierender Arbeitsmarkt erschweren die Integration, da der Zwang zur Anpassung, was einst in den Schmelztiegeln Wiens und des Ruhrgebietes der Fall war, wegfällt. So unerfreulich es auch klingen mag: wirtschaftliche Rezession und das Vorrücken rechtspopulistischer Bewegungen werden die Integration, wenn auch nicht ganz freiwillig, beschleunigen.

Das Modewort „Integration" wird aus dem linken Eck des politischen Extremismus bewußt mißdeutet und auch ad absurdum geführt. Nicht so sehr in Österreich, vor allem in

Deutschland. Warum dort? „Deutsche verstünden in Dingen des öffentlichen Lebens kein rechtes Maß zu finden und verfielen immer wieder dem Zauber extremer … Vergötterung oder Verneinung." (Helmuth Plessner)[43] In Österreich fanden und finden extrem linke wie extrem rechte Positionen keinen Boden, und daher müssen faschistische Massenmörder (Hitler) wie linkslinke Universitätslehrer ihre zerstörerische Politik – wobei wir zwischen den beidem Extrempositionen keine wie auch immer geartete inhaltliche Parallele ziehen wollen – in Praxis und Theorie in Deutschland und nicht in Österreich umsetzen.

Jörg Schönbohm bringt die politische Auseinandersetzung in der Migrationsfrage auf den ideologischen Punkt: „Nationale Entsagung ist die Bedingung für Fremdenfreundlichkeit".[44] Hart, doch realitätsrelevant formuliert der hohe Offizier und Politiker Jörg Schönbohm: „Der Begriff Nation gilt als überholt. Die kulturelle Originalität von Zuwanderern steht im Mittelpunkt. Integration in die politische Gesellschaftsordnung und Kultur Deutschlands ist nachrangig. Die Forderung nach Deutschkenntnissen und Respektierung der Wertordnung wird als ‚Germanisierung' beschimpft." Sarkastisch fährt er fort: „Integration gilt bereits als erreicht, wenn man in Deutschland lebt und Sozialhilfe erhält. Das Thema Zuwanderungsbegrenzung wird zur ‚Ausgrenzung' umdefiniert. Deutschland hat sein Recht, nationale Interessen zu formulieren, durch die NS-Politik historisch verwirkt und darf nur noch einem antinationalen, eben ‚multi-kulturellen' Geist folgen."[45]

Die multikulturelle Vision ist integrationshemmend, weil sie weder Bindemittel, noch gemeinsame Zielsetzungen, sondern nur ein wildes, chaotisches Neben- und daher auch Gegeneinander kennt. Unmißverständlich formulierte der deutsche Alt-Bundeskanzler Schmidt: „Die Vorstellung, daß eine moderne Gesellschaft in der Lage sein müßte, sich als multikulturelle Gesellschaft zu etablieren, mit möglichst vielen kulturellen Gruppen, halte ich für abwegig. Man kann aus Deutschland mit immerhin einer tausendjährigen Geschichte seit Otto I. nicht nachträglich einen Schmelztiegel machen."

Auch die rasante Zuname der ausländischen Wohnbevölkerung in Deutschland scheint aus der Bundesrepublik ein Einwanderungsland zu machen. Die bloßen Zahlen würden zunächst dafür sprechen. In den ersten zwei Jahrzehnten der Gastarbeiter-Anwerbung (1950–1970) wuchs ihre Zahl von 50.600 auf 3 Millionen. Das explodierende deutsche „Wirtschaftswunder" brauchte, vor allem für die „niedrigen" und schmutzigen Arbeiten, Beschäftigte aus Südost- und Südwesteuropa. Obzwar das Ziel der Anwerbepolitik eher kurzfristige Beschäftigungen waren, dachten – vor allem die Türken – nicht mehr an den Heimweg. Ganz im Gegenteil: Sie ließen ihre Familienmitglieder nachkommen und gründeten ganze türkische Kolonien (z. B. Berlin-Kreuzberg).

Der Ausländer-Anteil wuchs in den letzten Jahrzehnten in Deutschland weiter an: 1970 wurden „erst" 3 Millionen und 1997 bereits 7,4 Millionen Nicht-Deutsche registriert.

Wir schrieben bereits über die kontraproduktive, weil integrationshemmende Absicht der Doppelstaatsbürgerschaft. Auch Jörg Schönbohm unterstreicht diese Tatsache: „Im größeren Maße gewährt, würde die Verleihung doppelter Staatsangehörigkeiten gerade zu einem Integrationshindernis. Denn Integration (= Eingliederung) heißt, daß man die Landessprache beherrscht, sich zu dem Land, seiner Rechtsordnung bekennt und sich auch gegenüber seiner Geschichte und Kultur öffnet." Der Autor zieht dann den Schluß: „Daraus folgt, daß die Verleihung der deutschen Staatsbürgerschaft am Ende und nicht am Beginn des Integrationsprozesses stehen muß. Allerdings sollte das deutsche Einbürgerungsrecht gerade hinsichtlich dieser Ziele reformiert werden. Insbesondere sollte den hier in ausländischen Familien geborenen Kindern bereits mit der Geburt der Anspruch zugesichert werden, sich mit Vollendung des 18. Lebensjahres für die deutsche Staatsangehörigkeit entscheiden zu können." Dann weist Schönbohm unmißverständlich auf eines hin: „Selbstverständlich muß dies eine Entscheidung für eine Staatsangehörigkeit sein, weil sonst die Aussicht, sich bei uns integrieren und gleichberechtigt am gesamten gesellschaftlichen und politischen Leben Deutschlands teilnehmen zu wollen, nicht attraktiv genug wirken kann. Um die Integration ausländischer Kinder zu fördern und vor allem deren Chancengleichheit auf dem deutschen Ausbildungs- und Arbeitsmarkt zu erhöhen, solle auch das Nachzugsalter ausländischer Kinder von derzeit 16 Jahren deutlich gesenkt werden."[46]

IV. Erweiterung

5. Kein Austausch Türken gegen Osteuropäer

Die großen Migrationswellen ab Mitte des 19. Jahrhunderts kamen aus dem „Osten“ nach Österreich und Deutschland und nicht, wie jetzt, aus dem „Süden“. Zwar spülten die großen Flüchtlingswellen zwischen 1948 und 1989 Hunderttausende politische Asylsuchende vor allem nach Österreich, doch blieb nur ein relativ kleiner Teil im Land und integrierte sich hervorragend. Es ist nicht unwahrscheinlich, daß die ehemaligen COMECON-Staaten – außer Rußland – in absehbarer Zeit und noch vor ihrer EU-Mitgliedschaft gerne vor allem Fachkräfte (auch) nach Österreich schicken würden. Dabei handelt es sich weder um kriegsbedingte Asylsuchende, wie aus Exjugoslawien, noch um dauerhafte Migranten (Türken), sondern um Menschen, die – Pendlern gleich – besser verdienen und eine zusätzliche Fachausbildung erzielen wollen.

Im Hinblick auf diese neue Situation gewinnt auch der prinzipielle Standpunkt des deutschen EU-Beamten Albrecht Rothacher eine nicht zu unterschätzende Bedeutung: „Die Migrationspolitik ist gut beraten, sich nicht auf voluntaristische politisch korrekte Appelle an das Gutmenschentum zu verlassen und ansonsten im Stil von laissez faire den ‚urwüchsigen‘ Migrationsströmen zuzuschauen“, meint Rothacher, „sondern sich vielmehr proaktiv an der Integrationsfähigkeit sowohl der ethnisch-kulturellen Zusammensetzung der Zuwanderer wie der Aufnahmefähigkeit und -bereitschaft der Empfängerländer und ihrer Arbeitsmärkte zu orientieren.“[47]

Es wäre wirklichkeitsfremd, bereits in der Vorphase der EU-Erweiterung mit einer namhaften Arbeitsmigration aus den Kandidatenländern zu rechnen, da es für die meisten österreichischen, aber auch anderen „westlichen“ Firmen billiger ist, ihre Produktions- und Verwaltungsstätte in diese Länder auszulagern. Obwohl vom sozialpsychologischen Standpunkt ein „Austausch“ türkischer gegen osteuropäische „Gastarbeiter“ ratsam wäre, kann so eine Aktion – aus humanitären und aus EU-Wertekatalog-Gründen – nicht stattfinden.

Die auch integrationsbedingte politische Problematik der EU-Erweiterung spießt sich jetzt noch an der Forderung von „Übergangsbestimmungen“ (kein freier Fluß der Arbeitskräfte Richtung Westen), die vor allem rechtspopulistische Parteien, wie z. B. die FPÖ, vehement verlangen. Solche nennenswerte Übergangsregelungen gab es nicht und wird es auch nicht geben. Genauso wie 1986, als Spanien und Portugal in die EU kamen und Freizügigkeit und Niederlassungsfreiheit für ihre Bürger nicht eingeschränkt wurden, wird es solche künstliche Grenzen auch nicht gegenüber den ersten EU-Erweiterungskandidaten geben. Außerdem fürchtet sich die österreichische Politik nur vom EU-Kandidaten Türkei, die tatsächlich massenhaft Menschen (auch) nach Österreich „exportieren“ würde. So entsetzlich (und keineswegs zynisch) es auch klingen mag: Das mangelnde Demokratieverständnis Ankaras macht diese nicht unberechtigte Befürchtung für lange Zeit obsolet. – Aber das nur nebenbei.

Gegner einer EU-Erweiterung argumentieren gerne mit der „blaßroten Gefahr“; während mit der „gelben Gefahr“ die – völlig unbegründete – Angst unserer Großeltern vor einem chinesisch-mongolischen Ansturm signalisiert wurde, ängstigten sich unsere Eltern („rote Gefahr“) vor einer, höchstens halbwegs begründeten Gefahr einer weiteren Ausbreitung des Kommunismus. Mit der „blaßroten Gefahr“ wiederum wird eine Entleerung der exkommunistischen Oststaaten assoziiert. FPÖ-Anhänger argumentieren mit verschiedenen soziologischen Befragungen eher zweifelhafter „Eurobarometer“. Auf die hier gestellte Frage („Würden Sie nach Beitritt Ihres Landes in die EU gerne in einem anderen EU-Land arbeiten?“) antworten, ohne lang zu überlegen, über 80 Prozent der jüngeren Menschen mit einem eindeutigen „Ja!“ Diese „Eurobarometer“-Befragungen berücksichtigen allerdings den großen Unterschied zwischen Wunsch und Wirklichkeit nicht. Es ist nämlich bedeutend leichter, in Warschau von einem gut bezahlten Job in Wien zu träumen, als tatsächlich Land und Leute zu verlassen.

Um den weiten Bogen zwischen dem Wunsch nach einer für Ostverhältnisse horrenden Bezahlung und der Wirklichkeit der tatsächlichen Arbeitsaufnahme in der Ferne realistisch zu spannen, erinnert uns Albrecht Rothacher an die differenzierte Einschätzung des „realen Migrationspotentials":

1. nach Migrationstypen: Daueremigranten für längere Zeiträume – kurzzeitige Migranten – Tages -/Wochenpendler – Saisonarbeiter für das Baugewerbe, den Fremdenverkehr und die Landwirtschaft. (Denn auch unsere rückenschmerzengeplagten Arbeitslosen wollen frische Erdbeeren und Stangenspargel.)

2. nach beruflichen Kategorien: Professionelle (Ärzte, Manager, Hochschullehrer, Forscher) – Dienstleister (LKW-Fahrer, Donauschiffer, Krankenschwestern) – Ungelernte (vom Au-pair bis zum Kleinhändler ...)

3. nach Alter, Geschlecht und Familiensituation: So sind ledige junge Männer zwischen 18 und 35 am mobilsten, ältere Damen über 60 sicher am wenigsten mobil.

Trotz aller Differenzierungen der zu erwartenden Migrations„ströme" nach einer EU-Erweiterung werden mit den meisten Kandidaten vor Vertragsabschluß unterschiedliche Übergangsregelungen im Hinblick auf die umfassende Freizügigkeit getroffen.

In Deutschland, das immer noch mit den mannigfachen Problemen seiner türkischen Migranten kämpft, ängstigt man sich – aus geographischen Gründen – vor einem Ansturm polnischer Arbeitskräfte, wenn auch in Warschau hochoffiziell die EU-Fahne weht. Die polnische Wirtschaftswissenschaftlerin und Sekretärin des Europäischen Integrationskomitees in Warschau, Maria Karasinska-Fendler versucht diese Ängste zu zerpflücken: Vor 15 Jahren noch habe ein Pole, der Arbeit in der Bundesrepublik Deutschland gefunden hatte, 30mal mehr verdienen können als in seiner Heimat. Entsprechend stark sei der Sog auf polnische Gastarbeiter gewesen, die Entfremdung von Familie und Heimat auf sich zunehmen. „Heute aber verdient ein Pole in Deutschland gerade noch dreimal so viel wie hier, in ein paar Jahren nur noch zweimal so viel – bei immer geringer werdenden Chancen, dort überhaupt einen Job zu bekommen. Nein, die Ängste, daß unsere Leute die EU überfluten werden, sind völlig unbegründet. Dahinter steckt doch nur der dumme Egoismus bestimmter Gruppen innerhalb der Union."[48]

Die Argumentationskette der EU-Kandidaten wurde in den letzten zwei-drei Jahren von politischen Kriterien „Man muß die künstliche Teilung Europas überwinden") zu moralischen („Wiedergutmachung der Nazi-Zeit") Argumenten und von dort zu den wirtschaftlichen („Die Erweiterung schafft neue Arbeitsplätze in den ‚alten Ländern'") geführt.

SESSHAFTE MAGYAREN

Innereuropäische Migrationsbewegungen sind nichts Neues. Während im 17. und 18. Jahrhundert Hunderttausende deutsche Arbeiter am niederländischen Kanal- und Hafenbau, aber auch in der Ziegeleiindustrie arbeiteten, gingen im 19. und 20. Jahrhundert über 8 Millionen Italiener nach Frankreich, Deutschland und auch nach Österreich.

Gegenwärtig arbeiten ca. 200.000 Polen in der deutschen Landwirtschaft, vorwiegend als Erntehelfer. Um diesen Anteil nach einem EU-Beitritt Polens nicht drastisch zu erhöhen, muß man im Land selber den jetzt noch verhältnismäßig hohen Agraranteil, der gegenwärtig noch 30 Prozent (europäischer Durchschnitt 6 bis 8 Prozent) beträgt, reduzieren. In absehbarer Zeit will man in Polen den Anteil der Beschäftigten in der Land- und Forstwirtschaft auf 15 Prozent senken; das wäre immer noch dreimal so viel wie in Westeuropa.

Österreich hat es diesbezüglich besser als Deutschland: Das größte Arbeitsmigranten-Reservoir liegt in Ungarn; die Magyaren allerdings zeigen eine noch niedrigere Mobilitätsbereitschaft als die stark seßhaften Österreicher. So bestätigt der ungarische Vorsitzende der EU-Task-Force (Osterweiterungsplattform) András Inotai, daß es in Ungarn nicht einmal gelingt, aus dem östlichen Teil des Landes, wo die Arbeitslosigkeit besonders hoch ist, Arbeitskräfte nach Westungarn, wo Arbeitskräfte fehlen, zu transferieren. Inotai ist davon überzeugt, daß auch nach einem EU-Beitritt Ungarns nicht mehr als 1,5 Prozent emigrieren und 3 Prozent an einer längeren Beschäftigung im Westen interessiert wären.

Bereits 1998 errechnete das Deutsche Institut für Wirtschaftsforschung (Berlin) für den gesamten jetzigen EU-Raum ein Arbeitsmigrationspotential von ca. 700.000 aus Polen, Tschechien, Slowenien, Slowakei und aus Ungarn. Ähnlich wie ihre deutschen Kollegen bestätigen auch die Experten des Wiener Wirtschaftsforschungsinstitutes (Wifo), daß die Wende im Osten (1989) zu 56.000 neuen Arbeitsplätzen in Österreich führte und der österreichischen Wirtschaft ein zusätzliches Wachstum durch den Osthandel (plus 1,3 Prozent) bescherte. Wifo-Experte Jan Stankovsky relativiert den Einwanderungsdruck aber auch in anderer Weise: „Man muß sich darüber im klaren sein, daß man die einheimische Wirtschaft nicht wirklich hindern kann, die niedrigeren Löhne jenseits der Grenze auszunützen. Bleibt die Grenze für die Arbeitskräfte aus dem Osten geschlossen, investieren die Betriebe eben auf der anderen Seite. Dann entstehen dort die Arbeitsplätze."[49]

Die EU-Kandidaten, und auch das darf nicht vergessen werden, sind nicht nur Arbeitskräfteexport-, sondern auch -importländer; vor allem in Tschechien und in Ungarn arbeiten bedeutend mehr ausländische Arbeitskräfte als deren

Leute im Westen. Während z. B. rund 30.000 Tschechen im Westen legal tätig sind, werden im Land selber 140.000 Gastarbeiter registriert. Ähnlich ist diese Relation auch in Ungarn, wo unzählige Rumänen, allerdings ungarischer Herkunft, aber auch Ukrainer und Ostasiaten – vor allem Vietnamesen – tätig sind.

Man kann die EU-Erweiterung nicht aufhalten, genau genommen nicht einmal hinauszögern, da die große politische Einheit Europas von den tonangebenden größeren EU-Ländern – deren „Ostgrenze“ allerdings immer noch im Westen verläuft – mit aller Gewalt forciert wird. Allerdings spielen nationale Wirtschaftsegoismen auch in dieser Diskussion eine wesentliche Rolle.

So geben ehrliche Deutsche zu, daß sie Ungarn, Rumänien und sogar Bulgarien noch vor Polen gerne in der EU sehen würden. Kunststück: Die deutsche Ostgrenze verläuft im Westen Polens.

V. Gedanken

6. Slawen werden Sklaven

Die Beziehungen bestimmen das wechselseitige Bild der Bevölkerung; zunächst der eigenen Gemeinschaft gegenüber, wo gegenseitige Kritik alles andere als fremd ist, dann dem unmittelbaren „Nachbarn“ gegenüber, um schließlich die Bevölkerung anderer Staaten meist ver- als nur bloß zu beurteilen. Dieses *Bild,* das wir uns von den „anderen“, wer diese auch sein mögen, machen, hat im allgemeinen zwei Wurzeln: das kollektiv-subjektive, „ererbte“ und das individuell-subjektive Geschichtsbild. Beide Betrachtungen der Geschichte, denn nichts anderes sind die „Geschichtsbilder“, sind uralt und datieren sicherlich mit den unmittelbaren Nachfahren Kains, die auf die (ungeborenen) Kinder Abels nicht sehr gut zu sprechen waren und meinten, daß es auf dieser „kleinen Erde“ kaum Platz für „so viele Menschen“ gibt.

Das kollektiv-subjektive Geschichtsbild, das bereits mit der Muttermilch unserer Seele vergiftet und Intoleranz in unser Herz pflanzt, deckt sich mit der gesamten Geschichte der Menschheit. So schildert uns Egon Erwisch Kisch in seinem „Marktplatz der Sensationen“ den tiefen Haß der deutschen und tschechischen Studenten aufeinander in Prag – und das vor dem Ersten Weltkrieg: „Die deutsche und die tschechische Universität ... waren voneinander so fern, als wäre die eine am Nordpol, die andere am Südpol ...“[50]

Haß hemmt die Integration. So beklagte die slowenische katholische Zeitung „Slovenec“ (1932) die „ausbeuterische Herrschaft“ der deutschen Minderheit in Laibach: „... der Deutsche ist bei uns der Herr ...“[51]

Bis zum Ende des Ersten Weltkrieges gab es, allein auf dem Gebiet der Monarchie, viel zu hassen: In Wilna wollten die Polen mit den Litauen und beide mit den Juden nichts zu tun haben; in Galizien bekämpften einander die Ukrainer, die Polen, die Deutschen und alle drei die Juden; in Siebenbürgen die Rumänen die Deutschen und beide –

nein, diesmal nicht die Juden, da es dort kaum welche gab –, sondern die Ungarn; in der Wojwodina wiederum haßten die Ungarn die Serben und diese die Deutschen und die Rumänen und auch in Südtirol war die Liebe zwischen den Deutschen und den Italienern nicht allzu ausgeprägt.

Und all das nennen liberale Multikulti-Vorreiter und -Vorbeter die „goldene Zeit der Multiethnizität".

Mit dem Ende des Ersten Weltkriegs und der Monarchie setzte überall eine gewaltsame Homogenisierung ein, die in Windeseile zu „neuen Bevölkerungsstrukturen"[52] und ethnischen Umschichtungen führte.

Die NS-Mordmaschinerie wäre ohne die Jahrhunderte alten Kämpfe zwischen den einzelnen Ethnien nie erfolgreich geworden. Vor allem aber die schlichte Tatsache, daß – abgesehen von Südtirol – auf dem gesamten Gebiet der Monarchie Juden und Zigeuner von allen gehaßt wurden, ermöglichte die „Endlösung" dieser Bevölkerungsgruppen.

Hitler und die Nationalsozialisten hatten, was die Liquidierung großer Gruppen und Gemeinschaften betraf, ein hervorragendes Vorbild: Stalin, der bereits Mitte und Ende der 20er Jahre mit der Ausrottung der „Kulaken" (reiche Bauern) und Kosaken begann. Ende der 30er und Anfang der 40er Jahre folgten, bereits im Schatten des „Großen Vaterländischen Krieges" gegen Nazi-Deutschland, die gewaltsamen Umsiedlungen im Baltikum, aber auch in Bukowna und in Bessarabien, wo Polen, Balten und Ukrainer von den Sowjets unter Anschuldigung der „Kollaboration mit den Deutschen" ermordet wurden. Und wenn die Sowjets schon beim Morden waren, brachten sie – nach altem zaristischen Vorbild – auch die dort lebenden Juden um; den Rest besorgten dann die Deutschen.

Am Ende des Zweiten Weltkriegs erfolgten, bereits unter der „moralischen Aufsicht" der Westalliierten, die großen Umsiedlungen der Deutschen, vor allem aus dem Sudetenland, aber auch der Ungarn aus der Slowakei, der Ukrainer vom Westen nach Osten; und die Sowjets hätten auch nichts dagegen gehabt, die Serben aus der Wojwodina zu vertreiben, die nur Titos Absonderungspolitik gerettet hat. Heute tut es vielen Magyaren leid, diese einmalige Chance nicht wahrgenommen zu haben.

Und all das – und vieles mehr – läuft unter dem Schlagwort „Integration“, „Multikulturalität“ und „Multiethnizität“. So und nicht anders sieht die Wirklichkeit aus!

Es stimmt zwar, daß der Mensch des Menschen Wolf ist, aber trotzdem gibt es einen sicheren Weg der zumindest geduldeten Integration: den Wohlstand. Menschen, Völker, Nationen, die in einem (relativen) Wohlstand leben, zeigen sich „tolerant“, vor allem solchen Migranten gegenüber, die ihre „Drecks- und Schmutzarbeit“ erledigen. Wie einst die Slawen die Sklaven der deutschen Ritter in Nordosteuropa waren, so holten sich die Deutschen und die Österreicher die jugoslawischen und türkischen Gastarbeiter in ihr Land. Allerdings: Parteien und Parlamente der Demokraten verfügen nicht über die radikalen Möglichkeiten der deutschen Ritterorden und können – und wollen hoffentlich auch nicht – die „Aufsässigen“, die für ihre Familien nicht nur Zusammenführung, sondern auch Kindergeld und Sozialversicherung verlangen, nicht einfach niedermetzeln.

Die nichtassimilative Integration – um ein wenige theoretisch zu werden – setzt Identität voraus. „Identität“ signalisiert zunächst nur Zugehörigkeit eine Identifikation mit „Über-Ich-Gestalten“ der jeweiligen Gruppe. So identifizieren sich Juden viel lieber mit Freud und Einstein als mit irgendeinem jüdischen Schieber oder Betrüger. Diese aus der Identifikation stammende Identität steht oft auf schwachen, tönernen Füßen und führt daher zu neurotischen Auswüchsen. Gelingt es je jemandem, seine Identität auf eine sichere Basis, z. B. in lokalen oder ghettoisierten Gemeinschaften zu stellen, so kann er seine Identität ideologisieren und ein „festes Identitätsbewußtsein“[53] entwickeln.

Dieses Identitätsbewußtsein – übrigens: eine der besten Voraussetzungen der Integration – ist nichts Statisches, Unverrückbares, es wächst (oder verkümmert auch) durch Nähe und Konkurrenz zu anderen Gruppen und Gemeinschaften. Dieses Identitätsbewußtsein deckt sich mit und ernährt sich aus der jeweiligen Gruppenidentität. Die Konfrontation mit anderen Gruppen wiederum stärkt und bereichert das eigene Identitätsbewußtsein, die Gruppenidentität.

Bereits am Anfang des generellen Integrationsprozesses stehen auch mehrere und in ihrer Subjektivität vielschichtigen Hemm- und Bremsfaktoren. Dazu gehören z. B. die „Herkunftsmythen der einzelnen Nationen"[54] und die Stereotypen. Diese Stereotypen können positiv, wie z. B. im Falle der nach Österreich emigrierten Ungarn, oder negativ (z. B. Roma und Sinti aus Rumänien) ausfallen. Während die positiven Faktoren die Integration, selbst im Falle einer etwas geringeren Anpassungsbereitschaft, erleichtern, erschweren die negativen Faktoren die Integration auch bei einer angestrengten Anpassungsbereitschaft. Gegen diese Stereotypen, gegen diese massiven ethnischen Vorurteile kann man leider genauso wenig ankämpfen wie gegen das Gravitationsgesetz.

Auch hinter den ethnischen Stereotypen verbirgt sich die allgemeine menschliche Sehnsucht nach Ordnung; diese Sehnsucht bestimmt das Selbst-, wie das Fremdbild. So sehen sich Österreicher gerne in der Rolle „gemütlicher Lebenskünstler", Deutsche als „technische Perfektionisten" und Amerikaner als „Weltfriedens- und -ordnungshüter". Diese, aus einer kollektiven Selbstlüge[55] entstandene und erhärtete Kollektivlüge ermöglicht eine gewisse Selbstsicherheit und in ihrer Folge das Entstehen eines „Wir-Bewußtseins".

Während das Selbstbild fast immer nur positiv entworfen und eingesetzt wird, kann das Fremdbild (eher selten) positive und (häufig) negative Charakterzüge zeigen; auch auf ein und dieselbe Gruppe bezogen. So gelten, zumindest in Österreich „die Juden" zwar als „gescheit, tüchtig, intelligent", aber auch als „habgierig und geldsüchtig“. Als gutes Beispiel hiezu dient der Telefonanruf einer pensionierten Wiener Lehrerin beim Autor dieses Buches, die auf ein anderes Buch des Autors[56] mit folgendem Satz bezug nahm: „Verstehen Sie mich bitte richtig; ich bin wirklich keine Antisemitin ...“ Jetzt erfolgte die übliche Erklärung, daß ihre Familie in der Nazi-Zeit selbst Verfolgungen ausgesetzt war – „... aber ich glaube, das in Wirklichkeit nur vier und nicht sechs Millionen Juden umkamen. Die höhere Zahl, so glaube ich, dient nur den Wiedergutmachungsforderungen ...“

Alle Migranten, ob Gastarbeiter, Asylsuchende oder nur „Familienzusammengeführte“, tragen – einem unsichtbaren Schild gleich – die zu ihnen passenden Stereotypen mit, die ihre Integration auch entsprechend beeinflussen. Dieses Sterotyp ist eine Orientierung des jeweiligen Integrationsprozesses, „mit deren Hilfe ... ein eigenes Rollenbild als Gesamtheit der ethnischen Wert- und Aufgabenstellung geformt ... wird.“[57]

Diese und ähnliche Stereotypen sind nichts anderes als „schematisierte Selbst- und Fremdbilder in der logischen Form eines Urteils, das in ungerechtfertigt vereinfachender und generalisierender Weise, mit emotional wertender Tendenz, einer Gruppe von Personen bestimmte Eigenschaften oder Verhaltensweise zu- oder abspricht.“[58] Einen Schritt weiter geht und argumentiert der Volkskundler Hermann Bausinger, der bereits den funktionellen Charakter dieser generalisierenden Vorurteile mit berücksichtigt: „Stereotypen sind unkritische Verallgemeinerungen, die gegen Überprüfung abgeschottet, gegen Veränderungen relativ resistent sind. Sterotyp ist der wissenschaftliche Begriff für eine unwissenschaftliche Einstellung.“[59]

Genau der hier vorgebrachte Widerstand gegen Veränderungen bestimmt auch den jeweiligen Integrationserfolg der Migranten, wobei seine Verhaltensweise lediglich den eher geringen Spielraum nützen kann, wo das Wörtchen

„aber" entscheidende Verbindungen herstellt: „Er ist zwar ein Zigeuner, aber wirklich sehr musikalisch ..."; „er ist Jude, aber wirklich kaum geldgierig ..." usw. usf.

Stereotypen sind also unausrottbar. Daher – und aus edukativen Gründen – ist die mögliche Prophylaxe wichtig, damit aus Stereotypen keine Feindbilder werden und daß Identitäten zu Integration und nicht zu Egozentrismen führen. Erst wenn diese beiden, manchmal utopische Ziele erreicht werden, kann die eigentliche Vorstufe einer integrativen Gesellschaft – die Intrakultur – erreicht werden: das interkulturelle Verstehen und die Akzeptanz fremder Kulturen.

WENN DER „GEMEINSAME GOTT" TRENNT

Eng verwandt mit den Stereotypen, vor allem im Hinblick auf die beiderseitige Integrationshemmung, verlaufen die konfessionell bedingten und aufgebauten Schranken zwischen den Menschen überhaupt und vor allem zwischen den islamischen Migranten und der christlichen Mehrheitsbevölkerung.

Bereits Kains direkte Nachfolger haben sich genauso wenig verstanden wie ihr brudermordender Urahn den armen Abel. Wer den anderen nicht verstehen will, der sucht sich passende Gründe für die „Minderwertigkeit" der anderen, wobei Aussehen und Intelligenz allein noch nicht ausreichen, um aus dem ungeliebten anderen einen erbitterten Feind zu zimmern. Daher griffen schon unsere Urahnen nach tieferliegenden Gründen. Wo Menschen der Grund zum Hassen ausgeht, dort springen die Religionen, die Konfessionen ein.

Es wäre grundfalsch, die Religionen ausschließlich für Waffenschmiede der Krieger zu halten; sie können auch Trost und Hilfe leisten. Vor allem aber dienten sie – eigentlich bis zur Französischen Revolution – der Nationenwerdung und zur Bestimmung der Volkszugehörigkeit. Denken wir dabei an die Anfänge monotheistischen Glaubens, an die Makkabäerbriefe des Alten Testaments: In dieser vorchristlichen Zeit waren die religiösen Handlungen das beste Bindemittel eines langsam entstehenden (Über-)Staates (Reiches), sie waren gleichzeitig der „Ausweis" der jeweiligen Volkszugehörigkeit.

Der Monotheismus sicherte seinen Anhängern – den Juden, Christen und Muslimen – nicht nur eine bis heute andauernde kulturelle Entwicklung, sondern auch famose Gründe für die gegenseitige Ausrottung. Mit der Zivilisation moderner Techniken und Gesellschaften, die ohne Monotheismus undenkbar wären, stieg auch der Haß der Betreiber der immer komplizierteren Waffenschmieden.

Oder anders formuliert: Nur der universelle Monotheismus, der Glaube an einen „gemeinsamen Gott" kann Menschen wirklich und endgültig voneinander trennen!

Dem monotheistischen Glauben können wir alles verdanken, was zwar „teuer", aber nicht unbedingt „gut" ist. Nach dem psychologischen Prinzip – wer baut, der will auch zerstören – schuf der Monotheismus nicht nur Wohlstand und Demokratie, sondern auch Haß und Kampf. Von Luther bis zum Toleranzpatent Kaiser Josephs II. loderte der innerchristliche Kampf lichterloh. Jetzt, wo nur mehr der Papst und die weibliche Ordination die katholische von den anderen christlichen Kirchen trennen, bricht der Eiter des Monotheismus innerhalb der katholischen Kirche aus, wo sich Fundamentalisten und Modernisten den langersehnten Kampf gegeneinander liefern können.

Natürlich hemmt nicht der innerkatholische, nicht einmal der innerchristliche Kampf die Integration der Migranten – die christlich-orthodoxen Serben in Österreich kämpfen nicht gegen ihr religiöses, aber gegen ihr politisches Image –, sondern die panische Angst der Muslime, durch Assimilation „christianisiert" zu werden.

Wie weit sich auch die Religionen des Buddhismus, Hinduismus, des Brahmanismus (usw.) von ihrem „friedlichen" Mythos (positive Stereotypen!) entfernt haben, bezeugen die ermordeten christlichen Missionare, samt Schülern und Familie, in Indien. – Aber das wirklich nur nebenbei.

Wohl nirgends sind gegenseitige Informationen über Religion der anderen so wichtig, wie bei der Integration der Türken in Österreich und erst recht in Deutschland. Noch so oft und eindringlich können Vertreter des Islams in den österreichischen und deutschen Medien über die „Friedfertigkeit" ihres Glaubens berichten, die anschließenden TV- und Radionachrichten aus Algerien, Ägypten und aus anderen islamischen Ländern sprechen eine gänzlich andere Sprache. Die Türkenbelagerungen Wiens müssen also keineswegs in Erinnerung gerufen werden, um die integrationshemmenden Aversionen der Österreicher zu nähren.

Trotzdem: Die Politik als die Kunst des Möglichen darf nicht resignieren; erst recht nicht in der Integrationspolitik. Ein einziger Vorschlag hiezu: Religionslehrer sollten ihr Wissen in den Schulen nicht so sehr den Kindern ihrer Glaubensgenossen, sondern den Andersgläubigen vermitteln. Nicht das meist künstliche „Wachhalten" der mitgebrachten Religion ist wichtig, sondern die glaubhafte Vermittlung über die „Ungefährlichkeit" und die Toleranzmöglichkeit des eigenen Glaubens. Dieser, dem ewigen Glauben gegenüber durchaus kritische vergleichende Religionsunterricht ist angehalten, Brücken zu bauen und nicht Gräben aufzureißen.

WAS IST DIE AWI-POLITIK?

Man muß weder ein Prophet, geschweige denn ein „grüner" Beschwichtiger oder gar ein Rechtspopulist sein, um zu wissen, daß Wohlstand-Europa und -Amerika mit einem „wachsenden Migrationsdruck"[60] rechnen müssen.

Die Herausgeber der Studie „Internationale Migration" rechnen damit, daß immer mehr Länder „sowohl als Ziel- wie auch als Herkunftsgebiete in das internationale Migrationsgeschehen einbezogen werden."[61] Das stimmt allerdings nur zum Teil, da z. B. Ungarn immer mehr zum Zielland und Exjugoslawien zum Herkunftsland von Migranten wird – aber nicht umgekehrt.

Die Migration – und erst recht ihre Erforschung – muß die rein ökonomische Betrachtungsweise verlassen und in der kulturellen Grundproblematik „Platz" nehmen. Die globale und mondiale Migration wird auch von der Entwicklungshilfe stark beeinflußt, allerdings nicht gebremst, sondern gefördert. Daß die vor Ort kaum kontrollierte Entwicklungshilfe meist in den Militärbudgets der Zielländer landet, verstärkt die tödliche Spirale von Verarmung – Verschuldung – Vertreibung.

Vernünftigerweise sollten wir daher auch die rein karitative Entwicklungshilfe in die umfassende „AWI"-Politik (Asyl-Wanderung-Integration) einbinden, da eine Trennung zwischen Asylpolitik, Einwanderung (legale und illegale), Migration, Integration und Beschäftigung sinnlos, kostspielig und daher kontraproduktiv ist. Gelingt es jedoch nicht, nach der umfassenden AWI-Politik vorzugehen, so wird die Migration zur „Herausforderung einer neuen Art"[62] mit unguten Folgen: Sicherheitsrisiko.

Zu den größten, weil weltfremden politischen Fehlern in der Migrationspolitik gehört die Befolgung der Bestimmung der Internationalen Organisation für Migranten (IOM), die Migrationen mit der Staatsbürgerschaft ihres Ziellandes nicht mehr als solche betrachtet. Die soziologische Wirklichkeit spricht jedoch eine andere Sprache: Nicht die Staatsbürgerschaft, sondern erst die vollzogene Integration macht aus „Migranten" Neo-Staatsbürger der Zielländer.

Unter den Migranten haben es Asylsuchende, denen dieser Status von der Genfer Flüchtlingskonvention (1951) nicht zuerkannt wird, besonders schwer. „Als Flüchtlinge werden nach der Genfer Konvention solche Personen anerkannt, die ‚aus wohlbegründeter Furcht vor Verfolgung wegen ihrer Rasse, Religion, Nationalität, Zugehörigkeit zu einer sozialen Gruppe oder wegen ihrer politischen Überzeugungen sich außerhalb des Landes befinden, dessen Staatsangehörigkeit sie besitzen.‘“[63]

Diese echten Flüchtlinge, wie z. B. die aus den kommunistischen Ländern von 1948 bis 1989 Emigrierten, haben sich in ihren Zielländern voll integriert. Kriegsflüchtlinge hingegen aus Exjugoslawien werden von der Genfer Konvention nicht als echte Flüchtlinge anerkannt. Da sie, im Gegensatz zu den „echten“ Flüchtlingen, meist nach Kriegswende in ihre Heimatländer heimkehren wollen, sind sie an einer wirklichen Integration nicht interessiert.

VI. Migration in Geschichte und Gegenwart

7. „Österreich ist kein Einwanderungsland!" Wirklich?

„Österreich ist kein Einwanderungsland!" – behaupten vor allem die bereits Eingewanderten. Mit dem „Gewehr" eines nur schwer definierbaren, gutteils künstlichen österreichischen Nationalismus „bei Fuß" hüten die direkten Abkömmlinge nord- und südslawischer sowie ungarischer Migranten die „Reinheit der Rasse" und ängstigen sich neurotisch vor „Umvolkung" und „Überfremdung". – Eine ehrliche Sprache sprechen hingegen die bekannten historischen Einwanderungswellen der letzten hundert Jahre:

Der Weg nach Wien war bis zum Ende der Monarchie (1918) mit Not und Hoffnung gepflastert. Mehr politisch als geographisch in der Mitte des Reiches liegend, wirkte die Reichs- und Residenzhauptstadt auf unzählige Frühemigranten einer spät-, halb- oder überhaupt nicht industrialisierten Umgebung wie ein Magnet. Erst Mitte des 19. Jahrhunderts änderten sich die großen Wanderungsrichtungen grundlegend; ab dieser Zeit kamen immer weniger aus dem Nordwesten (aus deutschen Ländern) und immer mehr aus Nordosten (von Böhmen bis Galizien), aus dem Osten (von Ungarn bis Rußland) und aus dem südslawischen Raum. Ein eigenes Kapitel bildeten (auch) in Wien die jüdischen Zuwanderer.

Obwohl in Wien ab dem 11. Jahrhundert fast immer Juden lebten, nahm der große Zuzug, überwiegend chassidisch-orthodoxer (Ost-)Juden, erst ab Mitte des 19. Jahrhunderts seinen Anfang. Im Jahre 1857 wurden in Wien erst 15.116 „Personen mit israelitischem Glaubensbekenntnis"[64] gezählt, zur Jahrhundertwende bereits 146.926. Der höchste Stand wurde im Jahr 1923 (201.513 oder 10,8 Prozent der Gesamtbevölkerung) registriert. Heute zählt die Wiener Israelitische Kultusgemeinde knapp über 7.000 Mitglieder.

Die unterschiedlichsten Geburtsorte der Wiener Juden weisen seit der zweiten Hälfte des 19. Jahrhunderts eine starke Migrationstendenz auf. Bereits im Jahre 1880 wurden nur 30,8 Prozent der Wiener Juden hier geboren; 27,8 Prozent kamen aus Ungarn, 12,9 Prozent aus Mähren, 10 Prozent aus Galizien; der Rest kam aus anderen Ländern in- und außerhalb der Monarchie.

Bereits in den ersten beiden Jahren des Ersten Weltkriegs (1914/15) kamen Abertausende jüdische Migranten aus Galizien und aus der Bukowina nach Wien; sie waren – im Gegensatz zu den jüdischen Wirtschaftsflüchtlingen im 19. Jahrhundert – eher politische als Kriegsflüchtlinge. Viele Juden in Galizien und in der Bukowina begrüßten enthusiastisch den Ausbruch des Ersten Weltkrieges. „In den Augen des österreichischen Judentums bot der Krieg Gelegenheit, die Loyalität zur Habsburgermonarchie ... unter Beweis zu stellen."[65] Die Anfangsverluste der k. u. k.-Armee und die siegreich vorrückenden russischen Truppen weckten eine gar nicht so alte, dafür aber berechtigte Angst vor den zaristischen Pogromen. In diesem nordöstlichen Teil der Monarchie lebten immerhin 800.000 Juden; die Hälfte flüchtete in Richtung Südwesten. So erreichten bis 1915 über 150.000 Juden Wien. Die Repatriierung der mit deutscher Hilfe zurückeroberten Teile Galiziens und der Bukowina wurde großteils befolgt. 1916 lebten nur noch weniger als 40.000 staatlich unterstützte Flüchtlinge in Wien; die Hälfte davon waren (Ost-)Juden.

Die Situation der Exflüchtlinge und der Neumigranten war in Wien alles andere als rosig. Im Gegensatz zu unserer Zeit lag die Informationspolitik vor und vor allem während des Ersten Weltkrieges in den Händen der k. u. k.-Regierung und nicht im Einflußbereich der Medien. So verbot die Zensur vor allem die Berichte über die militärische Niederlage der Monarchie. Die Öffentlichkeit erfuhr weder von der militärischen Misere im Nordosten, noch über das Schicksal der dort lebenden Menschen. Daher wollten die Wiener gerne die hier lebenden jüdischen Migranten aus Galizien heimschicken. Die antisemitische Propaganda nützte die Fehlinformationen und verbreitete glaubwürdig, daß „die Juden ... die kriegerischen Ereignisse lediglich genutzt (haben), um ins Innere der Monarchie vorzudringen, um hier, ohne zu arbeiten, auf Kosten der Allgemeinheit erhalten zu werden". (Hoffmann-Holter)

Im Gegensatz zu dieser feindseligen Antimigranten-Politik war die österreichische Regierung – damals wie heute – bemüht, das Leben der Flüchtlinge halbwegs erträglich zu gestalten. Immerhin wurden während des Krieges 243,1 Millionen Friedenskronen (2,36 Prozent der gesamten Kriegskosten) für Flüchtlinge und Migranten verwendet. Ein interessanter Vergleich: Zum Kriegsbeginn erhielt ein Flüchtling monatlich 21 Kronen; eine, sicherlich nicht überbezahlte Hilfsarbeiterin verdiente zu dieser Zeit 50 Kronen.

8. Auf der „Mazzesinsel"

Von einer Integration der jüdischen Flüchtlinge konnte jedoch kaum gesprochen werden, da die Wiener Gemeindeverwaltung legale Beschäftigungsmöglichkeiten verbot. So hieß es in einer Eingabe des Wiener Bürgermeisters Weiskirchen an den k. u. k.-Ministerpräsidenten vom 4. Jänner 1915: „Die Annahme von Arbeit könnte einen Anreiz für längeren Aufenthalt bilden und müsse daher verhindert werden." Erst ab 1917 durften die Flüchtlinge eine legale Arbeit aufnehmen; von insgesamt 11.000 beschäftigten Flüchtlingen erhielten 8.200 Frauen als Hilfsarbeiterinnen ihre ganze Familie. Die offizielle Wiener Statistik registrierte Anfang 1917 2.300 männliche Kaufleute, Handelsangestellte und Zwischenhändler (Altwarenhändler und Hausierer). Diese Menschen bildeten den Grundstock der jüdischen Migranten im untersten sozialen Bereich und bevölkerten als „mosaische Proletarier" den zweiten Wiener Bezirk („Mazzesinsel").

Selbst die bescheidenen Migrations-Ansätze der jüdischen Flüchtlinge zerbrachen gemeinsam mit der Monarchie; die rund 25.000 in Wien lebenden jüdischen Flüchtlinge verloren ihre „altösterreichische" Staatsbürgerschaft und fielen dem wüsten Nachkriegsantisemitismus zum Opfer. Im Schatten der christlich-sozialen und deutsch-nationalen Judenhetze verglich der christlich-soziale Arbeiterführer Leopold Kunschak in der Konstituierenden Nationalversammlung am 29. April 1920 die „Ostjuden" mit „Heuschrecken" und forderte „die Juden, soweit sie nicht ausgewiesen werden können und soweit sie nicht freiwillig gehen, unverzüglich in Konzentrationslagern zu internieren". (Hoffmann-Holter) Sein Wunsch wurde zwei Jahrzehnte später voll erfüllt.

„Ausweisung statt Integration" hieß die Migrationspolitik der jungen deutsch-österreichischen Ersten Republik. Als politisches Unterfutter dieser Bestrebungen dienten – damals wie heute – die Horrormeldungen über die „unermeßlich vielen Illegalen". Die antisemitische Zeitung „Wiener Stimmen" schrieb 1919 noch wahrheitsgetreu über 25.000 „Ostjuden"; die „Reichspost" meldete ein halbes Jahr später bereits 100.000 Illegale, und großdeutsche Medien verdreifachten diese Phantomzahl. Als erfolgreiche Anti-Integrationsmaßnahme verweigerte die Nachkriegsregierung „Flüchtlingen" den Erwerb der Staatsbürgerschaft. „Am 15. September 1919 wies das Staatsamt für Inneres die Landesregierungen an, sämtliche Gesuche um Verleihung der deutschösterreichischen Staatsbürgerschaft, insoweit sich die Landesregierung nicht bestimmt findet, dieselben abzuweisen, vorläufig unerledigt zu lassen ..."[66]

Durch die politische und noch mehr durch die wirtschaftliche Konsolidierung Österreichs wurden auch diese restriktiven bis feindlichen Migrations-Maßnahmen gelockert und der (legale) Zuzug osteuropäischer Juden erlaubt. Gleichzeitig nahm der Anteil der angepaßten, assimilierten und integrierten, nunmehr „Wiener Juden" zu. Nach dem Prinzip –

„Nach oben bücken, nach unten treten" – integrierten sich, wie einst die „Hofjuden", die unzähligen Wiener jüdischen Ärzte und Anwälte als A-Schicht-Angehörige schnell und wandten sich gleichzeitig vehement gegen ihre (einstigen) Schicksals- und Glaubensgenossen aus dem „Osten". Erst „Anschluß" (1938) und Holocaust (bis 1945) änderten etwas an dieser Situation.

Nach dem Zweiten Weltkrieg kann sich die jüdische Gemeinde Wien nie mehr richtig erholen, selbst wenn sie immer wieder, auch mit kräftiger Unterstützung der „Öffentlichen Hand", bedeutende Lebenszeichen von sich gibt. Bis 1938 lebten in Wien über 180.000 Juden, jetzt sind es kaum 7.000; die Mitglieder der Kultusgemeinden in Linz, Graz, Innsbruck und Salzburg erreichen jeweils kaum die 100er-Grenze. Die jüdischen Museen in Wien, Eisenstadt und Hohenems, die zahlreichen und unterschiedlichsten kulturellen Veranstaltungen, eine jüdische „Volkshochschule" in Wien und ein Geschichts-Institut in St. Pölten werden teils von Nichtjuden geleitet und betrieben. Diese alle spiegeln einen gewissen „Wiedergutmachungsgeist" wider, der im sogenannten „Bedenkjahr" (1988) kulminierte und inflationierte.

Die eigentliche Vorfrage der jüdischen Assimilation betrifft die Determination: Wer ist in Österreich ein Jude? Das Israelitengesetz aus dem Jahre 1890, das heute noch in Kraft ist, besagt, daß jeder Jude Mitglied einer Kultusgemeinde sein muß. Darüber hinaus gilt noch die allgemeine religiöse Vorschrift: eine jüdische Mutter und keine fremde Taufe.

Einst – und das galt bis zum Holocaust – bedeutete die jüdische Assimilation die totale Entfernung von der eigenen Religion, über den Austritt aus der Kultusgemeinde bis hin zur christlichen Taufe oder zum „Nicht-Bekenntnis" der Agnostiker und Atheisten. Parallel zu diesem „Ausweg" aus dem Judentum – viele nichtreligiöse Juden ließen sich nur aus Angst vor dem herannahenden Nationalsozialismus taufen – gab es die, vor allem in Österreich recht häufigen

„Mischehen“. Der psychisch schwer belastete Assimilationsweg führte – im Extremfall – zum „jüdischen Selbsthaß“ (Otto Weininger, Karl Kraus, Bruno Kreisky), in der Mehrzahl jedoch zur halbherzig-christlichen Erziehung der Kinder. In diesen Familien wurden Ende Dezember die Kerzen des zum „Weihnachtsbaum“ verharmlosten Christbaumes und nicht die des Chanukka-Leuchters entzündet.

Den Überlebenden des Holocaust ist dieser Weg unbegehbar geworden; so auch für die Juden in Österreich, die sich, wie in der Voraufklärung, nicht mehr als „österreichische Juden“ bezeichnen. Mit dem einen Unterschied: damals durften sie es nicht, jetzt wollen sie es nicht!

Noch ein Grund hindert die in Österreich lebenden Juden am innerlich-integrativen Bekenntnis zu diesem Staat: Sie beherrschen die Landessprache nicht immer gut. Nur ein kleiner Teil der heute in Österreich lebenden Juden kam nämlich aus dem Exil zurück; die meisten kamen aus Osteuropa, vorwiegend aus Ungarn (1956), aus der ČSSR (1968), aus Polen (1982), aus Rumänien und Rußland (bis zum heutigen Tag). So kamen der erste Oberrabbiner nach dem Zweiten Weltkrieg, der Vater des heutigen, Dr. Akiba Eisenberg, und der langjährige Präsident der Wiener Kultusgemeinde, Dr. Ivan Hacker, aus Ungarn.

Seit eine größere Welle russischer Juden, die kaum die religiöse Autorität des Oberrabbinats und die organisatorische der Kultusgemeinde akzeptieren und dem in Österreich relativ fremden sephardischen Ritus huldigen, entstehen eigene Einrichtungen schulischer und kultusmäßiger Art für diese Juden. Ihre Assimilation und Integration wird – wenn es überhaupt je dazu kommt – keineswegs so schnell und reibungslos wie die der Nachkriegsflüchtlinge aus Ungarn, Polen und aus der ČSSR erfolgen. Die Zahlen sprechen jedoch eine eindeutige Sprache: Zu den rund 2.000 kinderarmen assimilierten aschkenasischen, gesellen sich ca. 3.000 kinderreiche sephardische Juden.

Zu den zahlreichen Barrikaden auf dem Weg der jüdischen Assimilation und Integration im heutigen Österreich, an denen von beiden Seiten her eifrig gebaut wird, gehört zunächst die gekränkte Eitelkeit der „Nicht-Heimholung". Nicht nur die volksparteilichen Nachfolger der Christlich-Sozialen, denen der Antisemitismus nie sonderlich fremd war, sondern auch die Wortführer der Sozialdemokraten wollten die Vertriebenen ‚feinfühlig' in ihren neuen Heimatländern keinen unnötigen Gewissenskonflikten aussetzen; am besten ist es – so einige SPÖ-Funktionäre –, sie bleiben, wo sie sind.

Die nächsten Barrikaden auf dem Weg zur Assimilation waren noch höher; sie hießen „unbewältigte Vergangenheit" und das Fehlen jedweder „Trauerarbeit". Einige Heimgekehrte, vor allem aber die diesbezüglich unbelasteten osteuropäischen Juden konnten auch diese Barrikaden, wenn schon nicht gänzlich beseitigen, so doch durchdrängen und – lässig machen. Die so geschlagenen Schlupflöcher ermöglichten ihnen den weiteren Gang zur Integration. – Aber die Barrikaden wurden immer größer, wir schrieben damals die Zeit der „Waldheim-Affäre". Die vergessene Vergangenheit des ehemaligen Bundespräsidenten, der mit der ungewollten Unterstützung des Jüdischen Weltkongresses mit einer knappen Mehrheit in die Hofburg geschickt und dort verbarrikadiert wurde, wog genauso beschämend wie sein soldatisches „Pflichtgefühl". Von „Schuld" war längst keine Rede mehr, und an eine „Schande" darob dachte wirklich niemand.

Die bunte Zusammensetzung der in Wien lebenden Juden – wenige österreichische Heimkehrer aus dem Exil, viele Zuwanderer aus Osteuropa und die „russischen" Juden, inklusive die aus Mittelasien – läßt keine generelle Assimilationslinien zu.

9. Russische Juden – ein Problem?

Die niedrigste Assimilationsbereitschaft zeigen die „russischen“ Juden, die auch aus Mittelasien nach Wien kamen. „Die Zuwanderer aus Rußland, Weißrußland, den baltischen Staaten sehen wir kaum. Sie haben in der UdSSR eine volle Assimilation durchgemacht. Da ist zu wenig Substanz übrig geblieben, als daß sie sich bei uns – der Kultusgemeinde – nicht völlig fremd fühlen würden. Sie sind der allgemeinen Bevölkerung viel näher. Kämen sie zu uns, fühlten sie, daß sie sich als Juden darstellen müßten: in den Tempel kommen usw. – was sie nicht mögen. Manche von ihnen kommen im Konfirmationsalter, manche erst, wenn sie heiraten und manche erst, wenn sie sterben.“[67]

Die Assimilationsbereitschaft der heute in Österreich lebenden (nichtrussischen) Juden kann sozialanalytisch als Ursache und Aktion ihrer Anpassung und die ihnen entgegengebrachte Integrationsmöglichkeit als Wirkung und Reaktion seitens der nicht jüdischen Mehrheit aufgefaßt werden. Die Aktion ist gleichzeitig auch die Motivation dieser Juden, die generationsspezifisch starken Schwankungen unterworfen ist.

Relativ leicht erklärbar ist die lineare Generationssituation:

- Die erste Generation ist die der verfolgten und vertriebenen Erwachsenen, die zur Zeit ihrer Emigration (1938/39) älter als 30 Jahre waren.
- Die zweite Generation bilden ihre noch in Österreich oder bereits in der Emigration geborenen Kinder.
- Die dritte Generation schließlich sind die Enkelkinder, die in Österreich nach der Rückkehr ihrer Eltern und Großeltern geboren wurden.

Alle drei Generationen, da sie ausnahmslos aus Österreich stammen, hatten keine objektiven Anpassungsschwierigkeiten, was Sprache, Kultur, Gewohnheiten der Österreicher anbelangt. Dementsprechend fand die erste Generation bald

Anschluß und auch eine gute, durch „moralische Wiedergutmachung" ermöglichte und gesicherte Existenz. Sie waren froh, wieder „zu Hause" zu sein, und konnten sich frei entfalten, aber auch ihren Kindern eine bestmögliche Ausbildung sichern. Anschlußschwierigkeiten an die österreichische Mehrheit hatte auch die zweite Generation nicht, sie hat – dank ihrer Fähigkeiten, aber auch der guten politischen Beziehungen ihrer Eltern – jeweils optimale Positionen erreicht. Wenn die gesellschaftlich akzeptierte, selbstbewußte Position der Eltern fehlte, rutschten sie langsam, aber sicher in eine psychische Zwickmühle; die bereits erwähnten Schuldkomplexe machten ihre Situation trotz sicherer Existenz alles andere als rosig. Die dritte Generation schließlich, bereits im Schatten der Waldheim-Affäre aufgewachsen, verliert auch den Rest der großelterlichen Sicherheit und Dankbarkeit Österreich gegenüber. Manche unter ihnen wandern nach Israel aus, kehren aber bald wieder zurück.

Gänzlich anders verläuft die Anpassungs-Biographie der ersten und zweiten Generation der aus Osteuropa (mit 1945 beginnend) emigrierten Juden. Da ihre Enkelkinder meist noch im schulpflichtigen Alter sind, kann man in unserem Zusammenhang noch nicht von einer „dritten Generation" sprechen. Die überzeugte Dankbarkeit der ersten Generation – endlich frei nach der Doppelverfolgung durch Nazis und Kommunisten zu leben – pflanzt sich nahtlos in der zweiten fort. Die meisten dieser Juden sind beseelt, „gute Österreicher" zu sein und profitieren persönlich wie existentiell aus dem Verschwinden des Eisernen Vorhanges, samt dazugehörendem kommunistischen System. Ohne Schuld- und Minderwertigkeitskomplexe leiden sie kaum unter ihrer abbröckelnden „Jüdischkeit", die sie meist nur vor dem Fernsehschirm, eingebettet zwischen die Meldungen aus Israel und vom geschändeten jüdischen Friedhöfen in Europa erleben.

Zu den äußerst seltenen sozialanalytischen Assimilations- und Integrationsgemeinsamkeiten der immer-schon-österreichischen und der neu-österreichischen Juden zählt das Gefühl des „Fremdseins". Während die „Osteuropäer" („Wohin sollten wir weiterflüchten, in unsere alte ‚Heimat' können wir doch nicht mehr zurück?") fürchten, ihren „Koffer" wieder hervorholen zu müssen, fühlen sich die „Österreicher" in der eigenen Heimat fremd und machen sich, gar nicht so unbewußt, Vorwürfe: „Ich frage mich manchmal, ob es richtig war, daß meine Eltern und ich zurückkamen!" – so der aus Wien emigrierte und wieder heimgekehrte Architekt Robert Kanfer.

Keine in Österreich lebende „Minderheit" ringt dermaßen intensiv, verbittert, oft beleidigt, selten freudig mit ihrer Assimilation und ihrer Integration wie die Juden. Stabil, weil überwiegend negativ, ist die Gesamtanpassung der „russischen" Juden, da nur eine dünne Schicht dieser sephardischen Juden, meist Künstler, den Sprung in die nicht-jüdische Umwelt wagten. Gewisse sozialanalytische Ähnlichkeiten kann man im generellen Anpassungsverhalten der muslimischen Türken und der sephardischen Juden feststellen: in beiden Fällen minimiert die Religion die Anpassungsbereitschaft.

Die Juden, so einmalig ihre historische und sozialpsychologische Situation auch ist, waren (und sind) nicht die einzigen Flüchtlinge und Emigranten auf der „Wanderschaft". Auch nicht nach dem Ersten Weltkrieg in Wien. Für Flüchtlinge, die zwar Staatsbürger der untergegangenen Monarchie, aber nicht (Rest-)Österreichs, wo sie sich aber aufhielten, waren und hier keine „Heimatberechtigung", sie war die administrative Voraussetzung der deutsch-österreichischen Staatsbürgerschaft, besaßen, hingen förmlich „in der Luft". Diese Flüchtlinge und die gleichfalls in Wien ansässigen Arbeitsmigranten und Wanderhändler, die in Böhmen, Mähren, Ungarn, Galizien, in der Bukowina oder in anderen Teilen der Monarchie auf die Welt kamen und sich auch in Wien als „Inländer" fühlten, wurden „über Nacht" zu „Ausländern" abgestempelt. So wurden viele dieser Menschen – ungewollt – in die Halblegalität gedrängt und stets mit der Ausweisung bedroht. Nach der Niederwerfung der kommunistischen „Räterepublik" in Ungarn (1920) erreichte Wien eine neue, wenn auch zahlenmäßig nicht sehr große politische Flüchtlingswelle.

Da es auch unter diesen Flüchtlingen zahlreiche Juden gab, litten auch sie unter der antisemitischen Hetze. Obwohl sie antireligiöse Linke waren, mußten auch sie sogar von den Sozialdemokraten Prügel einstecken. So erließ der sozialdemokratische Landeshauptmann Albert Sever seine berüchtigte Verordnung zur Ausweisung aller „Fremden" aus „Deutsch-Österreich und Wien". Diese Politik erhielt nicht nur eine breite Zustimmung seitens der „breiten Masse", sondern auch der Medien. Dazu ein Zitat: „... viele (der Flüchtlinge) haben sich ... hier (gemeint: in Wien) in einer geradezu schändlichen Weise aufgeführt ... (und) in den Prunkhotels auf der Ringstraße ... prasserisch aufgeführt ... Eine Unterscheidung zwischen politischen Flüchtlingen aus Ungarn und denen, die hier nur besser leben wollten, könne natürlich nicht gemacht werden, weil sich dann jeder als ‚Politiker' ausgeben würde ..." Dieses Zeitungszitat stammt nicht aus einem großdeutschen oder christlich-sozialen Organ, sondern aus der „Arbeiter-Zeitung" vom 31. Juli 1919.[68]

Trotz diese ausländerfeindlichen Geisteshaltung und einer ökonomisch bedingten Einschränkung von Arbeitsmigranten – am 19. Dezember 1925 beschloß der Nationalrat das „Inländerarbeiterschutzgesetz", das den weiteren Zuzug ausländischer Arbeitskräfte entsprechend einengte und die Bewilligung durch das Bundeskanzleramt bestimmte –, kamen seit Anfang der 20er Jahre zahlreiche politische Migranten (Flüchtlinge) vor allem aus Budapest und München, wo der „Weiße Terror" nach der Niederwerfung der Räterepubliken wütete. Wien wurde jedoch nicht nur mit ungarischen und bayerischen Kommunisten und Linkssozialisten gefüllt, sondern es kamen auch royalistische, konservative und liberale

Flüchtlinge aus nahezu allen ost- und südosteuropäischen Ländern. Das offen proklamierte Asylrecht Deutsch-Österreichs (1919) war für unzählige Kroaten, Serben, Polen, Ukrainern, aber auch Rumänen, Russen und Bulgaren der eigentliche Schlüssel in die Freiheit. Nach Wien emigrierten nicht nur linke und kaisertreue Flüchtlinge aus Osteuropa, sondern auch rechtsextreme Putschisten aus Deutschland. Auch zaristische Flüchtlinge aus Rußland haben in Wien ihr politisches Büro unweit der Komintern-Agitprop.-Zentrale, wo Walter Ulbricht, Georgi Dimitrov und Antonio Gramsci arbeiteten, aufgemacht. Seit Ende der 20er Jahre ging allerdings die Wiener Polizei immer energischer gegen die kommunistischen Flüchtlinge, vor allem gegen die ungarischen vor, deren Führer, Béla Kún, auch verhaftet wurde.

Bis zum Jahre 1934 (Beginn des austrofaschistischen Ständestaates) wurde die Arbeit der kommunistischen und linkssozialistischen Flüchtlinge in Wien immer schwerer. Parallel dazu bemühte man sich, ausländische „kommunistische Agitatoren" schon an der Grenze abzuweisen. So durfte z. B. Egon Erwin Kisch bereits Anfang der 30er Jahre nicht zu seinem angekündigten Vortrag über „Rußland und China" nach Österreich einreisen.

Sofort nach der Machtergreifung Hitlers in Deutschland (1933) wollte die christlich-soziale Bundesregierung die Grenze vor politischen (vorwiegend sozialdemokratischen) Flüchtlingen aus dem „Reich" schließen. Dank des politischen Druckes der immer noch starken SP-Opposition im Nationalrat fanden doch zahlreiche deutsche Genossen Zuflucht in Österreich.

Nach dem Bürgerkrieg (Februar 1934) und dem Verbot der Sozialdemokratischen Partei waren die Grenzen für „linke" Flüchtlinge endgültig zu; auch die Einbürgerungen der seit langem in Österreich lebenden Polit-Migranten war so gut wie unmöglich. Lebensbedrohend waren die Auslieferungen nach Deutschland; jüdische, aber auch SA-Flüchtlinge (nach dem „Röhm-Putsch“) wurden den reichsdeutschen Grenzorganen übergeben. Unter diesem politischen Druck fanden nur 2.500 jüdische Flüchtlinge aus Deutschland Schutz in Österreich. – Bis zum „Anschluß“ (1938) wurden immer weniger politische Migranten in Österreich geduldet und es wurde ihnen nicht einmal die Restfreiheit gewährt, die 1938 dann das ganze Land verlor.

10. Die großen „Wellen“ nach 1945

Genauso wie vor dem Ersten Weltkrieg erwies sich Wien – und damit ganz Österreich – auch nach dem Zweiten Weltkrieg als „Magnet“ der osteuropäischen Migranten. In mehreren Wellen kamen ab dieser Zeit nach Österreich:

- Jüdische Überlebende aus den Konzentrationslagern (1945)
- Volksdeutsche Flüchtlinge (1945)
- Ungarnflüchtlinge nach der Niederwerfung ihrer Revolution (1956)
- Charta 77-Emigranten aus der ČSSR (1968)

Neben diesen größeren Migrationswellen erreichten Österreich nach 1945 mehrere kleinere, überwiegend legale Einwanderergruppen und Schicksalsgemeinschaften aus Rußland, Rumänien, aber auch aus Albanien und Bulgarien.

Einiges, in aller Kürze, zu den hier erwähnten Migrationen:

JÜDISCHE „DPS“

Für unzählige jüdische Displaced Persons (DPs), meist ehemalige KZ-Insassen, war Wien ihre erste Zwischenstation in die Freiheit; für gar nicht so viele auch die Endstation. Zu diesen Migranten, die sofort nach Kriegsende (1945) Österreich erreichten, gesellten sich die ersten jüdischen Flüchtlinge nach der Machtübernahme kommunistischer Regierungen in allen Oststaaten (1948); zwischen 1945 und 1948 kamen rund 250.000 nach Westeuropa. Die meisten jüdischen „Durchreisenden" fuhren nach Israel und nach Amerika, einige von Wien direkt nach Deutschland bzw. nach Italien weiter. Ursprünglich lebten in Österreich ca. 25.000 jüdische DPs, deren Großteil weiter- bzw. heimwanderte; 5.000 ungarische DPs kehrten bereits im Sommer 1945 in ihre Heimat zurück und ungefähr so viele kamen mit US-Hilfe nach Palästina bzw. ab 1948 nach Israel. Während die Amerikaner die jüdischen DPs in jeder Hinsicht unterstützten, vor allem was ihre Weiterfahrt nach Palästina betraf, bemühten sich die araberfreundlichen Engländer, diesen Migrationsstrom der jüdischen „Alliyah" („Heimkehr" nach Palästina/Israel) zu unterbinden. Man wollte sogar in den englisch kontrollierten Zonen Österreichs die jüdischen DPs gewaltsam in ihr Geburtsland repatriieren. Die österreichischen Behörden waren gegenüber diesen englischen inhumanen Maßnahmen machtlos und konnten nichts anderes tun, als die Reiseroute ändern, indem die jüdischen Transporte nicht mehr durch das englisch besetzte Kärnten, sondern durch die US-Zonen Oberösterreichs, Salzburgs und Tirols nach Italien weitergeleitet wurden.

Die meisten jüdischen Migranten kamen aus Polen: 1945, nach dem Pogrom in Kielce, flüchteten 100.000 polnische Juden nach Österreich, die von den US-Behörden in ihrer Zone untergebracht wurden. 45.000 jüdische DPs fanden Aufnahme in der US-Zone in Deutschland, während Italien – unter englischem Druck – keine polnischen Juden mehr aufnahm bzw. ihre Weiterfahrt nach Palästina gestattete.

Eine Integration der jüdischen DPs in Österreich war nicht vorgesehen, da ein Großteil der polnischen Emigranten alsbald das Land mit US-Hilfe wieder verließ. Einige blieben jedoch und übernahmen, gemeinsam mit den aus Ungarn geflüchteten Juden, leitende Funktionen in der Wiener Israelitischen Kultusgemeinde.

Außerordentlich schlecht war die Situation der 30.000 jüdischen „Hungerflüchtlinge“ aus Rumänien, die 1947 Österreich erreichten und von den Amerikanern zunächst nicht weitertransportiert wurden. So blieb der österreichischen Regierung nichts anderes übrig, als die materielle Versorgung der rumänischen Juden selbst zu übernehmen.

Die Gründung des Staates Israel verstärkte den jüdischen Zustrom nach Österreich noch mehr, da die zionistischen Anwerbestellen – außer in Ungarn – in den meisten osteuropäischen Ländern sehr erfolgreich arbeiteten.

Während der ganzen Zeit (1945–1948) verlief neben der legalen auch eine illegale Bewegung nach und durch Österreich, wobei selbst die Amerikaner bemüht waren, eine zeitlang die Auswanderung wehrfähiger Juden aus Osteuropa nach Israel zu verhindern. Trotzdem gelang es nicht wenigen Juden, illegal die österreichische Ostgrenze zu überschreiten.

Die illegale Migration nach Österreich ist nicht gegenwartsbezogen. Bereits 1949, nachdem sich das kommunistische System auch in Ungarn etablierte, flüchteten Tausende, vorwiegend Budapester Juden über die Slowakei nach Österreich und hofften, nach Israel weiterwandern zu können. Da die Engländer nach wie vor bemüht waren, keine Auswanderer über ihre Zone nach Israel schleusen zu lassen und die US-Routen hoffnungslos verstopft waren, änderten immer mehr ungarische Juden ihr Reiseziel: statt nach Israel, emigrierten sie in die USA. Dazu gesellten sich noch die Nachrichten über die schwere wirtschaftliche Situation im neuen Staat Israel. Aber auch die Ungarn-Quote der Amerikaner war erschöpft. So registrierte man 1951 rund 5.000 jüdische Flüchtlinge, überwiegend aus Ungarn, die in Ermangelung einer Weiterreisemöglichkeit in Österreich blieben. Ein Teil konnte trotz der Schwierigkeiten in den nächsten zwei Jahren doch weiterwandern; wenige in die USA, mehrere nach Kanada, Australien und nach Neuseeland. So zählte man Ende 1954 nur mehr rund 1.000 jüdische Migranten in Österreich.

Der jüdische Exodus durch Österreich war trotzdem zahlenmäßig beachtlich: Zwischen 1945 und 1954 erreichten fast 230.000 jüdische Migranten – über Österreich – Israel bzw. den „freien Westen“ in Europa und in Übersee. Trotz amerikanischer Hilfe und einer fühlbaren antisemitischen (Unter-) Grundhaltung in der Bevölkerung, unternahmen die österreichischen Behörden große Anstrengungen, um auch mit dieser Migrantenwelle „fertig“ zu werden.

VOLKSDEUTSCHE FLÜCHTLINGE

Sofort nach dem Ende des Zweiten Weltkriegs wurden aus der Tschechoslowakei, aber auch aus Ungarn und Rumänien die so genannten „Volksdeutschen“ vertrieben. Die meisten Volksdeutschen flüchteten über die ČSSR-Grenze nach Österreich und landeten in der sowjetischen Zone. Zu ihrem Glück wurden sie von den Russen nicht heimgeschickt, sondern nach Deutschland weitertransportiert. Gemeinsam mit den in Österreich gebliebenen Fremd- und Ostarbeitern, aber auch Kriegsgefangenen blieben in Österreich rund 500.000 nichtjüdische Flüchtlinge; überwiegend „Donauschwaben“ aus Ungarn, Volksdeutsche aus Rumänien, Sudetendeutsche aus der ČSSR, „Karpatendeutsche“ aus Rumänien und Rußland und die deutsche Bevölkerung Polens, des Baltikums und Bulgariens. Auch aus Jugoslawien flüchteten vor allem ehemalige kroatische Nazi-Kollaborateure („Ustascha“) nach Österreich. So „trafen“ sich in Österreich, wie später in Südamerika (jüdische) Opfer und (nazifreundliche) Täter; jetzt beide „Flüchtlinge“ und Migranten. Da sie alle miteinander unter Hunger und Not litten, kam es zu keinen Zusammenstößen auf österreichischem Gebiet; nicht einmal zu einer gegenseitig-feindseligen Agitation, wie man das in den „Waldheim"-Jahren erleben mußte.

Im Gegensatz zu den jüdischen Flüchtlingen hatten die volksdeutschen Migranten keinerlei Sprachschwierigkeiten, da Deutsch ihre „politische" Muttersprache war. Daher wurden aus vielen volksdeutschen Flüchtlingen bald echte Migranten mit sehr geringen Integrationsproblemen. Sie konnten ab 1949 ohne Sonderbewilligung die österreichische Staatsbürgerschaft erwerben und wurden nicht nur für die (Aufbau-)Wirtschaft, sondern auch für die politischen Parteien als Wähler wichtig und interessant. Während alle anderen Migranten die Vier-Jahres-Frist zur Einreichung ihres Staatsbürgerschaftsansuchens abwarten mußten, wurde für die Volksdeutschen eine neue rechtliche Situation, das so genannte „Optionsgesetz", geschaffen, das für sie die begehrte Staatsbürgerschaft schnell und reibungslos realisierte. Darüber hinaus erhielten sie bereits 1952 die arbeitsrechtliche Gleichstellung mit den Inländern.

Die hohe Assimilationsbereitschaft und der Arbeitseinsatz der Volksdeutschen wurden mit entsprechend gefestigten Integrationsmöglichkeiten seitens der Inländer beantwortet. So erhielten z. B., mit kirchlicher und norwegischer (Flüchtlings-)Hilfe, zahlreiche Volksdeutsche in der Steiermark gratis Baugründe, auf die sie ihre Ein- und Mehrfamilienhäuser bauen konnten. Da die meisten Volksdeutschen in ihrer Heimat Bauern waren, fanden sie bald Arbeit und Einkommen in Österreich. Gleichzeitig setzte die einheimische „Landflucht" in Österreich ein, und daher waren die volksdeutschen Bauern umso willkommener. Zahlreiche Regierungsmaßnahmen, wie z. B. der „Bundes-Wohn- und Siedlungsfonds" des Sozialministeriums oder das mit ERP-Mitteln unterstützte Ansiedlungsprogramm des Landwirtschaftsministeriums trugen sehr viel zur weiteren Integration der Volksdeutschen bei.

1955 war für Österreich ein Schicksalsjahr: Der Staatsvertrag wurde unterschrieben, die Besatzungsmächte verließen das Land, die „immer währende" Neutralität wurde verkündet und die Wiener Staatsoper wieder eröffnet. Das Land erhielt seine volle Souveränität; es wurde frei. Die Bundesregierung setzte sich aus der Großen Koalition von ÖVP und SPÖ zusammen, und seit den Parlamentswahlen 1956 saßen 82 ÖVP-, 74 SPÖ-, 6 FPÖ- und 3 Mandatare der KPÖ (vereint mit den Linksozialisten) im Nationalrat. Der wirtschaftliche Aufbau wurde (fast) abgeschlossen, im (Asyl-)Land Österreich herrschten relativer Wohlstand und eine, im großen und ganzen, positive Einstellung gegenüber den Flüchtlingen, aus denen integrierte Migranten und schließlich „Neu-Österreicher" wurden.

Am 23. Oktober 1956 brach in Ungarn ein Volksaufstand („Revolution") gegen die kommunistische Diktatur und gegen die sowjetische Besatzungsmacht aus, der erst am 4. November im Blut erstickt wurde. Daraufhin brach eine riesige Flüchtlingswelle Richtung Österreich aus.

Bedingt durch die gemeinsame Grenze und Geschichte waren ungarische Flüchtlinge in Österreich, vor allem in Wien, seit 1919 keine Seltenheit mehr. Auch nicht zwischen 1945 und 1948. Zu dieser Zeit strömten nebst jüdischen Flüchtlingen auch zahlreiche „Pfeilkreuzler" (ungarische Nationalsozialisten), aber auch rechtskonservative Anhänger von Admiral Nikolaus von Horthy, der sich vergeblich gegen die deutsche Besatzung Ungarns und die Ermordung der Juden zur Wehr setzte und selbst verhaftet wurde, nach Österreich. Die Machtergreifung der Kommunisten (1948) trieb vor allem zahlreiche Sozialdemokraten nach Österreich; aber auch andere „Wirtschaftsmigranten" haben damals ihre Heimat verlassen.

1956 erreichte das erste Mal seit langem eine sozial heterogene Flüchtlingswelle Österreich. Von November 1956 bis

Jänner 1957 flüchteten Juden und Christen, Trotzkisten und Sozialisten, Zigeuner und Homosexuelle, aber auch politische („Pfeilkreuzler") und gewöhnliche Kriminelle, da während des Aufstandes nahezu alle Gefängnisse geöffnet wurden, nach Österreich. In den nicht ganz drei Monaten kamen fast 200.000 Ungarn nach Österreich; es war also unmöglich, die Korrektheit des politischen Flüchtlingsstatus festzustellen. Deshalb verfügte bereits am 26. Oktober 1956 der damalige sozialistische Innenminister Oskar Helmer, daß alle Flüchtlinge aus Ungarn in Österreich Asyl erhalten können.

Vom ersten Augenblick an wurden die Ungarnflüchtlinge, mehr als einst die Volksdeutschen, mit „offenen Armen" aufgenommen; die Hilfs- und Spendenfreudigkeit der damals noch alles andere als wohlhabenden Österreicher kannte keine Grenzen. Trotz größter Anstrengungen ist jedoch das Land mit der großen Flüchtlingsmenge nicht mehr fertig geworden, und so wandte sich die Bundesregierung an das westliche Ausland um Hilfeleistungen, die auch sehr bald konkrete Formen annahmen. Es dauerte allerdings bis Ende April 1958, bis die letzten der 154.309 Ungarnflüchtlinge, die weiterwandern wollten, das Transitland Österreich verlassen konnten.

Von den rund 200.000 Flüchtlingen kehrten einige Tausend nach Ungarn zurück und nicht ganz 18.000 blieben endgültig in Österreich. Ein Großteil dieser Flüchtlinge und Asylsuchenden zeigte eine fast so hohe Assimilationsbereitschaft wie einst die Volksdeutschen. Die hohen Sympathiewerte, die die Ungarn damals in Wien genossen, wurden nicht nur aus einer sentimentalen Operettenhaftigkeit („Csárdás- und Husaren"-Mentalität) genährt, sondern vielmehr durch die tiefe Ablehnung des Kommunismus in der österreichischen „Volksseele".

Kaum, daß die große Welle ungarischer Flüchtlinge, die Abwicklung der Weiterreise und die Integration der in Österreich gebliebenen abgewickelt wurde, kündigte sich bereits die nächste Asyl-Welle in Österreich an; diesmal aus der Tschechoslowakei (ČSSR) – man schrieb das Jahr 1968.

Am 21. August 1968 besetzten Truppen des „Warschauer Paktes", an der alle kommunistischen „Bruderländer", außer Rumänien, beteiligt waren, frühmorgens Prag und das ganze Land. Das war das Ende einer reformkommunistischen Demokratiebewegung, von Prager Intellektuellen ausgelöst.

Prag war allerdings nicht Budapest und 1968 nicht 1956. Dementsprechend gelang es der sowjetischen Besatzungsmacht nicht, das Land auf Dauer zu besetzen, und so zogen sich die Soldaten der „Roten Armee" aus den Ämtern, Ministerien, Rundfunk- und Telefonzentralen zurück. Daher gelang immer mehr ČSSR-Emigranten die (halb-)legale Flucht nach Österreich. Die politische Situation „normalisierte" sich, bis sich im Jahre 1969 der Student Jan Palach aus Protest gegen die immer noch vorhandene Sowjetmacht öffentlich verbrannte. Sein Begräbnis wurde zu einer einzigen Massendemonstration gegen die kommunistische Unterdrückung Moskauer, Prager und Preßburger Prägung. Trotz dieser und ähnlicher Aktionen – so wurde zum Beispiel der Sieg der ČSSR-Eishockeymannschaft über die der Sowjetunion bei der Weltmeisterschaft in Stockholm in KP-feindliche Demonstrationen verwandelt, – handelte es sich zu dieser Zeit nicht um einen echten Volksaufstand, sondern um den Widerstand nahezu aller führenden Intellektuellen des Landes.

Ende der 60er, Anfang der 70er Jahre wurde im ganzen Land die (internationale) Unterzeichnung über die Wahrung der Menschenrechte zum Anlaß genommen, eine eigene Erklärung („Charta 77") in Prag zu veröffentlichen. Die

Antwort der Machthaber ließ nicht lange auf sich warten; ein harter, unerbittlicher und konsequenter Kampf gegen die Charta-Unternehmer und ihre gar nicht so wenigen Anhänger begann. Auch die Reaktion der Opfer blieb nicht aus: eine neuerliche Fluchtwelle brach los. Vor allem der damalige österreichische Botschafter in Prag und spätere Bundespräsident, Dr. Rudolf Kirchschläger, rettete unzähligen Gefährdeten durch rasche und unbürokratische Hilfe bei der Visa-Erteilung das Leben. Obwohl fast 100.000 tschechoslowakische Flüchtlinge 1968–1969 Österreich erreichten, kehrte bald das Gros dieser Menschen in ihre Heimat zurück; kaum 1.000 Asylsuchende blieben in Österreich.

Im Gegensatz zu Ungarn konnten die Tschechoslowaken ihr Land mehr oder weniger freiwillig verlassen. So sank die Zahl der ČSSR-Asylsuchenden von 6.529 (1969) auf 515 (1978) und stieg 1980 auf 3.241 an. Nach zwischenzeitlichen Schwankungen betrug sie 1989 3.307. Ein Viertel der Asylsuchenden wurde nach durchschnittlich vier bis fünf Jahren eingebürgert.

Da viele ČSSR-Asylsuchende, im Gegensatz zu den Ungarn, relativ gut Deutsch sprachen und über alte Bindungen zu Wien verfügten, wurde ihre hohe Assimilationsbereitschaft mit entsprechenden Integrationsmöglichkeiten erwidert. Auch den illegal nach Österreich eingereisten – darunter zahlreiche ČSSR-Urlauber aus Italien und aus Jugoslawien – gelang relativ schnell und reibungslos die Integration im „Asylland Österreich".

KLEINERE GRUPPEN

Abseits und teils nach den großen Flüchtlings- und Migrantenwellen, die Österreich seit 1945 erreichten, kamen immer wieder zahlenmäßig zwar kleinere, doch in ihrer politischen Bedeutung oft wichtige Migrantengruppen nach Österreich:

• Im Jahre 1972 vertrieb der damalige Diktator Ugandas, Idi Amin, alle im Land lebenden Nichtafrikaner, vor allem die Inder. Von den insgesamt rund 70.000 Indern und anderen Flüchtlingen asiatischer Abstammung nahm Österreich ca. 2.000 Vertriebene auf. Über zweihundert dieser Vertriebenen wurde Asyl angeboten, doch sie zogen die Weiterwanderung nach England vor. Einige Ugandesen, die ersten nicht(-ost-)europäischen Flüchtlinge, blieben in Österreich, konnten sich jedoch nur zu einem geringen Teil wirklich integrieren.

• Ein Jahr nach der Vertreibung der Asiaten aus Uganda putschte in Chile das Militär, und zahlreiche Demokraten mußten die Flucht ergreifen. Rund 200 Allende-Anhängern gelang die Migration nach Österreich, wo sie Asyl erhielten. Da die meisten Chilenen glaubten, bald in ihre Heimat zurückfahren zu können, lehnten sie jedwede konkrete Integrationshilfe ab. Vor allem die Chileninnen, um ihre Kinder nicht zu „entfremden“, wandten sich vehement gegen alle Assimilations-Anstrengungen.

• Ein eigenes Kapitel bilden die Chinesen in Österreich, die teils Flüchtlinge aus Drittländern (z. B. aus Kuba) sind, teils (halb-)legale Auswanderer aus China und vollends legale aus Taiwan, die in Österreich im Handel, Gastgewerbe, aber auch als Sporttrainer Beschäftigung fanden. Ihre Integration ist genauso schwach ausgebildet wie die der Inder aus Uganda. Nicht wenige unter ihnen wurden, wie übrigens auch die Russen, in Mafia-Nähe abgedrängt.

• Bedeutend sind Zahl und politische Sprengkraft der Kurden in Österreich. Da die meisten Kurden, die jetzt in Österreich leben, aus dem Irak und nicht aus der Türkei stammen und ihre „politische“ Tätigkeit (in friedlichen Vereinen) von den Behörden nicht behindert wird, gibt es in Österreich – im Gegensatz zu Deutschland – keine nennenswerte Auseinandersetzungen mit offiziellen Stellen Österreichs bzw. mit den hier lebenden Türken.

• Die unterschiedlich großen Gruppen südostasiatischer Flüchtlingen (Indonesier, Vietnamesen, Thailänder, Philippinen usw.) bedeuten für Österreich keine nennenswerte Integrationsschwierigkeit. Sie sind nahezu alle legal in den Arbeitsmarkt eingebaut, vor allem im Gesundheitswesen.

• Vielschichtig, heterogen und unterschiedlich ist die Gemeinschaft der Russen in Österreich. Offizielle Statistiken sprechen immerhin von rund 30.000 Russen, die entweder als freischaffende Künstler (Maler, Musiker) oder als Firmen- und Geschäftsinhaber hauptberuflich in Wien tätig sind. Entgegen gängigen Vorurteilen sind die meisten russischen Kaufleute und Firmeninhaber in Österreich keine „Mafiosi", sondern legale „Wirtschaftsflüchtlinge", die in ihrer Heimat zwischen korrupten Beamten und kriminellen Erpressern nicht mehr existieren konnten. Galeristen aus Moskau und Gemüsehändler aus Samarkand fanden in Österreich eine neue, sichere Existenz und beginnen sich – wie einst die bulgarischen Gärtner vor dem Ersten Weltkrieg – in Wien zu integrieren. Ihre Kinder gehen ausschließlich in österreichische Schulen und sie suchen auch nicht die Nähe gleichstämmiger Exlandsleute, wie das zum Beispiel die in Wien lebenden Italiener und Griechen pflegen. Natürlich leben und arbeiten auch in Österreich Mitglieder der russischen Mafia, die sich aber – von ganz wenigen Ausnahmefällen abgesehen – sehr „ruhig" und unauffällig benehmen, um nicht mit den Behörden in Konflikt zu kommen. Diese Menschen bleiben auch nicht lange in Österreich.

Diese und andere, noch kleinere Migranten-Gruppen leben außerhalb des unselbstständigen Arbeitsmarktes in eigenen Gemeinschaften und genießen eine voll geduldete Halbachtung seitens der Bevölkerung. Obwohl man in Österreich berechtigte Angst vor der „Ost-Mafia" hat, werden weder die hier lebenden Russen und erst recht nicht die Polen mit den Kriminellen aus ihrer Heimat gleichgesetzt.

„Die revolutionären Österreicher", so hatte es einst Wladimir Iljitsch Uljanow, genannt Lenin, behauptet, „würden Bahnsteigkarten kaufen, bevor sie einen Bahnhof erobern". Und dazu noch eine platte Weisheit: „Ordnung ist das halbe Leben!" – und die Alpenrepublikaner begnügen sich mit dieser Hälfte. So gesehen gehört eine „behördlich erlaubte Ordnung" zur Lieblings-Lebensart der Menschen zwischen Boden- und Neusiedlersee. Daher ist Österreich vielleicht das einzige Land der Welt, wo sogar die Illegalen, wenn schon nicht behördlich, so doch erfahrungsmäßig erfaßt werden. Deshalb wissen wir, daß neben rund 400.000 registrierten Ausländern über 100.000 Illegale, gleichfalls keine österreichischen Staatsbürger, leben:

- Zigeuner aus Rumänien, Ungarn und der Slowakei
- Exjugoslawen, vorwiegend Albaner aus dem Kosovo
- Staatsangehörige der GUS-Staaten
- übrige Flüchtlinge aus der ganzen Welt, darunter zahlreiche Afrikaner, aber auch musizierende und vagabundierende Süd- und Lateinamerikaner.

Viele Illegale, wie z. B. die Südamerikaner kommen mit einem Besuchervisum nach Österreich und warten hier auf ihren organisierten Weitertransport nach Osteuropa. Verzögert sich, aus welchen Gründen auch immer, ihre Weiterfahrt, tauchen sie nach Ablauf ihrer Aufenthaltsgenehmigung in die Illegalität unter.

Von einer Integration der Illegalen kann naturgemäß nicht gesprochen werden; nur einer kleinen Minderheit gelingt es, ihren Aufenthalt zu legalisieren (z. B. Anerkennung als Flüchtlinge nach der Genfer Konvention). Diesen, in vieler Hinsicht mühsamen Weg gehen vor allem die Kosovo-Albaner, die als Militär-Flüchtlinge kaum in ihre restjugoslawische Heimat zurückkehren können. Außer ihnen streben nur noch Mitglieder unterschiedlicher GUS-Gruppen, wie

z. B. Juden aus Mittel-Rußland, die Legalisierung an. Im Gegensatz zu den exjugoslawischen Albanern und russischen Juden wollen die meisten Illegalen – wie die Zigeuner und die Südamerikaner – aus der Illegalität nicht auftauchen.

Die Integrationsschleusen der Migranten werden auch in Österreich immer enger; die Folgen sind zunehmende Ghettoisierung und Nationalisierung, aber auch eine sichtliche und fühlbare Verstärkung fundamentalistischer Fixierungen.

Unter dieser Situation leidet vor allem die zweite und dritte Generation, die den labilen Weg in eine neurotische Nationalisierung und religiöse Bigotterie nehmen müssen. „Müssen" deshalb, weil der innere psychische Zwang (Minderwertigkeitskomplexe) diese jungen Menschen deklassiert und sie in eine schmerzhafte Zwischenposition – keine Beziehung zur alten, aber auch keine zur neuen „Heimat" – drängt.

Die sozialpsychologische Situation der Illegalen ist – bedingt durch den ständigen Druck von außen (Angst vor Entdeckung) – im Prinzip einfacher als die der legalen Heimatbeharrer. So auch im Falle der Kosovo-Flüchtlinge, denen nur die friktionsbeladene Extremvariante „IL-HB" (Illegale-Heimatbeharrer) offen bleibt. Offiziell dürfen sie keiner geregelten Arbeit nachgehen, sie werden für 50,– Schilling in der Stunde in den Schwarzmarkt der Gelegenheitsarbeiter gedrängt. (Mehr dazu im Teil „Einheit aus Vielfalt".)

Einem kleineren Teil der restjugoslawischen Kosovo-Albaner gelingt der komplizierte, zweigeteilte Weg: IL-L-HW (Illegale-Legale-Heimatwechsel) bzw. IL-L-HB (Illegale-Legale-Heimatbeharrer). Erfahrungswerte zeigen, vor allem in den österreichischen Bundesländern, daß es bedeutend mehr Heimatwechsler als Heimatbeharrer gibt. So mußte z. B. in Linz nach einigen Jahren ein Kosovo-Klub mangels Interesse geschlossen werden. Diese Tendenz der legalisierten (Ex-)Illegalen zum Heimatwechsel spiegelt sowohl ihre Dankbarkeit gegenüber Österreich als die Angst, irgendwann nach Restjugoslawien abgeschoben zu werden, wider.

Die große Angst der Illegalen heißt auch in Österreicher „Abschiebung“. Deshalb vernichten die meisten, bevor sie in Nacht und Nebel über die ost- und südostösterreichische „grüne Grenze“ flüchten, ihre Ausweispapiere, ihre Dokumente. So können sie von der Behörde nicht identifiziert und kaum abgeschoben werden.

Die Situation der Illegalen ist auch in Österreich alles andere als angenehm. Ständig auf der Flucht vor der Behörde, genießen sie nur in einem Wiener Caritas-Heim, das hauptsächlich Illegale beherbergt, einen gewissen Schutz. Da sie nur im grauen Umfeld des Schwarzmarktes arbeiten können, bleibt ihnen auch der soziale Schutz verwehrt. „Wenn ich jedoch krank bin, muß ich mich mit dem Krankenschein eines Freundes beim Arzt einschleichen ...“ – so ein Illegaler aus Tunesien in einem Interview mit dem Wiener Monatsmagazin „NEWS“ (3/96).

Illegal wollen nur die Kriminellen bleiben; daher versuchen nahezu alle in Österreich untergetauchten Zigeuner, Kosovo-Albaner, Nordafrikaner und Südamerikaner, aber auch die aus den GUS-Staaten, ihren Aufenthalt zu legalisieren. Sie suchen um Anerkennung als Flüchtlinge („Asylanten“) an. Bedingt durch die restriktiven Bestimmungen der österreichischen Behörden werden die meisten Ansuchen, da keine nachweisbare Verfolgungsgefahr besteht, abgelehnt. Dann tauchen die Illegalen wieder unter und probieren es in einem anderen Bundesland. Während einige Nordafrikaner, vorwiegend aus Tunesien, Algerien und Marokko der Nachweis gelingt, daß sie aus religiösen Gründen in ihrer Heimat verfolgt werden, ist es für Schwarzafrikaner, die meisten kommen aus Ghana und Nigeria, unmöglich, den Asyl-Status zu erreichen. Für die österreichischen Behörden ist die häufig wechselnde politische Lage in den Heimatländern der Asylsuchenden viel zu kompliziert, um den konkreten Asylgrund feststellen zu können.

Das schwere Los der Illegalen in Österreich wird nur in zwei Bereichen etwas erleichtert: bei einigen Ärzten und in den Wiener Pflichtschulen. In Wien, so berichtet „NEWS“, gibt es rund 30 Ärzte, die ohne viel zu fragen und vor allem kostenlos kranke Illegale behandeln. Und der Wiener Stadtschulratspräsident Dr. Kurz Scholz, weigert sich „entschieden, ... die Lehrer zu Fremdenpolizisten umzuklonen und eine Hatz auf Kinder zu veranstalten ...“

DIE ANGST GEHT UM

Fast alle einschlägigen Arbeiten bestätigen als entscheidendsten Negativfaktor das Vorhandensein von Bedrohungsängsten der Inländer vor einer „bestehenden Massenmigration“.[69] Diese Primärängste mit allen ihren Schattierungen (Wohn- und Arbeits[platz]situation, Freizeitgestaltung usw.) führen zu fühlbaren Spannungsverhältnissen zwischen „‚Eigenem‘ und ‚Fremden‘“ (Angela Riedmann), die je nach Temperament und ökonomischen Verhältnissen verarbeitet und/oder artikuliert werden. Während die Bedrohungsängste der Inländer, abgesehen von Belästigungsmomenten, irrational sind, verlaufen die Bedrohungsängste vieler, vor allem „farbiger“ Ausländer und Asylanten, entlang handfester, rationaler Linien.

Der wohl wichtigste Positivfaktor der nach Österreich gekommenen Migranten – abgesehen von der Suche nach politischen und existentiellen Sicherheiten – sind die teils historisch motivierten „österreichischen Mythen“ (Riedmann) eines einst reichen Vielvölkerstaates (Monarchie) auf der damaligen „Insel der Seligen“. Wie realitätsferne beide Migranten-Märchen sind, erfahren die „Zugereisten“ rasch.

Nahezu alle empirischen oder kognitiven Migranten-Forschungsarbeiten unterliegen vorgefaßten ideologischen

Prämissen multikultureller oder ethnozentrisch motivierter Richtungen und Denkschemen. Diese einseitigen Forschungsarbeiten überziehen bereits einen Großteil der sozial- und gesellschaftswissenschaftlichen Disziplinen. So auch die Ethnologie, die einen immer wichtigeren Beitrag zur Migrationsforschung beiträgt. Ein Beispiel aus den ethnologischen Grundüberlegungen soll das hier Gesagte charakterisieren: „Ein neuer Trend in der Ethnologie ist es, überhaupt von Gruppen oder Teilgruppen als Einheiten der Forschung abzurücken. Statt dessen könnten etwa interethnische Systeme, globale Verknüpfungen, multiethnische Netze oder soziale Bewegungen, die über einzelne Gruppen hinwegreichen, erforscht werden."[70]

Dieser Generalansatz der ethnologischen Forschungsentwicklung setzt leider nicht, oder nur zum Teil vorhandene, funktionierende gesellschaftliche Bedingungen voraus. Ich behaupte nämlich, daß es weder „multiethnische Netze" einer zivilen Gesellschaft, noch funktionierende „interethnische Systeme" gibt. Genauso wie die „multikulturelle Gesellschaft" bestenfalls eine „Zirkus"-Gesellschaft für einen sehr beschränkten Zeitraum ist, entsprechen auch „interethnische Systeme und Netze" keineswegs unseren Bedürfnissen nach Harmonie, Sicherheit, Homogenität und Territorium. Zwischen den degenerativen Monokulturen und den auseinander strebenden Multikulturen hat nur eine intrakulturelle Gesellschaft Bestand, deren Doppel-Loyalität sowohl den gesamtgesellschaftlichen wie auch den einzelkulturellen Bedürfnissen entspricht.

Einzelne, massiv auftretende Migrantengruppen, wie z. B. die in Wien lebenden rund 2.000 georgisch-grusischen Juden, die in rund 300 Familien leben, werden teils exotisch (wenn man an ihren Festen teilnimmt), teils als starke Konkurrenz (sie besetzen viele Einzelhandelsgeschäfte, vorwiegend im 2. Wiener Gemeindebezirk), aber auch als Belästigung (wegen ihrer platzbehauptenden „Rücksichtslosigkeit") erlebt und empfunden. Das größte Migrationsmanko dieser, unter anderem aus Israel nach Österreich eingewanderten russischen Juden, wurzelt in ihrer sehr schwach ausgeprägten Assimilationsbereitschaft; auch innerhalb der Israelitischen Kultusgemeinde. Ähnlich den Zigeunern und den Türken versuchen sie ihre innere Homogenität zu wahren und erwecken – im Gegensatz zu den Türken – den Anschein einer jederzeitigen Weiterwanderung.

Dementsprechend ist die Integration dieser Migranten gering, und sie positionieren sich am liebsten in ihrem basarartigen Ghetto-Milieu. Nach eigenen Angaben verließen die georgischen Juden ihre Heimat überwiegend aus wirtschaftlichen Gründen und versuchten zunächst in Israel und dann in Österreich Fuß zu fassen. Bei diesen Menschen handelt es sich weder um Kriegsflüchtlinge (wie bei den Bosniern), noch um politische Asylsuchende (wie unter den Schwarzafrikanern), noch um Migranten, die vor Not und Elend (wie z. B. viele Nordafrikaner) die Flucht in den „goldenen Westen" wagten. Die georgischen Juden gehörten bereits in ihrer Heimat zu den Wohlhabenderen und daher gelang es ihnen bald, in Wien – vorwiegend am Mexikoplatz – Handelsgeschäfte zu eröffnen.

Wie bei den meisten Migranten, so zeigt sich auch bei den georgisch-grusischen Juden in Wien eine starke Diskrepanz zwischen Selbst- und Fremdbeurteilung. Diese Tatsache spiegelt sich auch in den Forschungsergebnissen von Angela Riedmann wider: „Als das wichtigste Unterscheidungskriterium zu den ÖsterreicherInnen wurde von den georgischen Gesprächspartnern die ‚Mentalität' angesehen. Sie selbst bezeichnen sich und ihre ganze Lebensart als sehr ‚offen', während ihrer Ansicht nach den ÖsterreicherInnen gerade diese Offenheit fehle. Diese Sicht steht in einem interessanten Widerspruch zur Außenwahrnehmung von den Georgiern: von allen befragten Personen, die in verschiedensten alltäglichen Kommunikations- und Interaktionszusammenhängen mit Georgiern stehen, werden diese als ‚äußerst in sich geschlossene, homogene Gruppe' bezeichnet, die Grusinen ‚lassen von sich aus nicht den Wunsch erkennen, sich nach außen zu öffnen oder engere private Kontakte zu schließen'. (Interviewzitat)[71]

Die konträre „Mentalitätsbeurteilung" ist nur ein weiterer Beweis der äußerst niedrigen Assimilationsbereitschaft der georgisch-grusischen Juden, die in Ermangelung eines emotionalen Hinterlandes („Heimat") auf einem psychogeopolitischen Eiland leben. „Auf die Frage, welches Land denn für sie ‚Heimat' bedeute, wurde von den Georgiern einhellig die Antwort gegeben, eine solche hätten sie nicht. Weder sehen sie ihr Geburtsland Georgien, noch Israel, wohin rege und enge Kontakte bestehen, da Familienmitglieder oder andere Verwandte dort leben und regelmäßig Reisen dahin unternommen werden, ebenso wenig aber Österreich als wirkliche Heimat an." Weiters führt die Autorin aus: „Dies bedeutet nun aber nicht, daß der Heimatbegriff für sie ohne jede Relevanz wäre. Vielmehr wird er losgelöst von territorialen Grenzen gesehen. Heimat – obwohl der Begriff in den Gesprächen negiert wurde – wird nicht einfach aufgehoben, sondern inhaltlich erweitert. Zusammenfassend kann gesagt werden, daß ein erster Aspekt – Heimat als Herkunft, Verwurzelung – dabei in der lebendigen Pflege georgischer Traditionen liegt." Riedmann geht dann ins Detail: „Dies äußerst sich v. a. bei den alle wichtigen Lebensereignisse begleitenden Festen in Form von Liedern, ritualisierten Trinksprüchen etc. Ein zweiter Aspekt – Heimat als reale Lebenswelt – beinhaltet die Möglichkeiten zur Schaffung eines sozialen Status innerhalb einer gegebenen Gesellschaft ebenso wie die bloße Sicherung der eigenen Existenz." Dann schlägt die Autorin einen Bogen nach Israel: „Die dritte Dimension von Heimat – Erez Israel – ist im Bewußtsein der Leute als Möglichkeit vorhanden, die durch die Zugehörigkeit zum Judentum gegeben ist, wenn sie auch von den

Gesprächspartnern für sich selbst nicht als realer Lebensraum in Betracht gezogen wird. Dies ändert sich jedoch bei den jüngeren Generationen, da viele der Kinder und Jugendlichen in Israel geboren und zumindest einige Jahre dort aufgewachsen sind." Traurig resümiert Riedmann: „Sie beziehen sich in ihren Erzählungen in der Schule hauptsächlich auf ihre Zeit in Israel und kennen Georgien oft nicht mehr aus eigener Erfahrung, sondern nur durch die oben erwähnte Tradierung eines gewissen Brauchtums bzw. aus Erzählungen der Älteren."[72]

JUDEN – BEWUSSTES AUFTRETEN

Die „Status-Sicherheit" der Migranten hängt von zahlreichen Außen-, wie Innenfaktoren ab. Während Mitglieder homogener Gruppen (Türken, Roma und Sinti, georgisch-grusische Juden) das Selbstbewußtsein von innen her schöpfen, leiden andere (Ex-)Migranten (reemigrierte österreichische Juden) unter den gleichen Problemen, wie ihre Groß- und Urgroßväter um die Jahrhundertwende: einerseits fürchten sie, daß ihr Assimilationsstatus durch die „russischen Juden" gefährdet wird, andererseits beneiden sie diese ob ihrer „heilen Tradition": „Wie sehen wir, die alteingesessenen Juden, die neu zugewanderten georgischen Juden? – Sehr mit Mißtrauen! Sehr mit Mißtrauen, weil grad die georgischen Juden doch einen gewissen orientalischen ‚touch' in ihrem Lebenswandel haben. Ich bin ja immer wieder begeistert, wenn man die Alteingesessenen so hört, … ‚na also, schon witzige Leut' …" Riedmann in diesem OT-Zitat weiter: „Meine Generation ist eine verunsicherte, neurotische, geschlagene Generation … und dann kommt eine relativ ethnisch gefestigte Gruppe wie die georgischen Juden daher, kommen lebensfreudige, patriarchalische, tanzende Juden daher … Die alteingesessenen (Juden) verstehen die georgischen Juden irgendwo nicht. Sie (die Georgier) haben nicht miterlebt, was es heißt, Auschwitz, was es heißt, Mauthausen …" Das Zitat endet: „Sie wissen es natürlich, aber sie haben es nicht erlebt, waren nie gefährdet … Nie im Sinne der Endlösung. Deswegen auch diese Abgeschlossenheit der Gruppen, und ein gewisses Mißtrauen und Unverständnis. Georgische Juden haben kein Trauma, im Gegenteil, für sowjetische Verhältnisse ist es ihnen sehr gut gegangen zum großen Teil …"[73]

Die Assimilationsbedrohung („Ostjuden" gefährdeten die Position der Wiener Juden, wie sie um die Jahrhundertwende gelebt wurde) spielt in der heutigen „jüdischen Szene" kaum mehr eine Rolle, da im Schatten des Holocaust und dank der starken Unterstützung durch die „progressiven" Medien, die heute in Österreich (und in Deutschland) lebenden Juden sich ein bedeutend entschiedeneres (oder auch aggressiven) Auftreten in der Gesellschaft erlauben können als es vor 100 Jahren der Fall war. So gesehen bilden auch die „russisch-orientalischen Juden" in Wien keine Assimilations- und Integrationsbedrohung für die hier ansässigen und nach außen hin angepaßten Juden.

In unserer Zeit der (auch notorisch) übertriebenen Emanzipation suchen sich auch die „Wiener Juden" ein neues Selbstbewußtsein, das sich jedoch bei sich selber – im Gegensatz zu ihren „russischen" Glaubensgenossen – nicht finden können. „Für die Behauptung der Position innerhalb der georgischen Gesellschaft hat jedes Individuum einem bestimmten Verhaltensmuster zu entsprechen, das durch die Pole Ehre und Schande bestimmt ist, wobei die Männer das Ehrvolumen aktiv vergrößern sollen, während die Frauen in erster Linie zur Wahrnehmung der Ehre verpflichtet sind …", meint Johanna Stigler in ihrer Publikation „Wahlheimat Wien". Und sie fährt fort: „… Im Alltagsleben bietet der Kreis der Freunde, Bekannten und Kollegen die Möglichkeit, ein entsprechendes Verhalten zu demonstrieren. Als notwendige Voraussetzungen gelten ein selbstbewußtes Auftreten, ein adäquater Habitus, Trinkfestigkeit, Eloquenz sowie die erforderlichen materiellen Mittel.“[74]

Wie wenig eine „multikulturelle Gesellschaft“ auch auf einem kleinen überschaubaren Raum, wie es der Basar-Bezirk des Wiener Mexikoplatzes ist, funktioniert, beweist Angela Riedmann in ihren Schlußbemerkungen: „Im Verlauf der Arbeit hat sich gezeigt, daß die verschiedenen nationalen und ethnischen Gruppen überwiegend lose und oberflächliche Außenkontakte zueinander eingehen, die größtenteils auf einem freundlich-distanzierten Verhalten beruhen. Es kann daher kaum von einem intensiven multikulturellen Miteinander gesprochen werden. Vielmehr könnte man die Situation als ein gut funktionierendes multikulturelles Nebeneinander bezeichnen.“[75]

Das „multikulturelle Nebeneinander“ entspricht höchstens der von uns bereits erwähnten „Zirkusgesellschaft“ mit ihrer exotischen Nichtseßhaftigkeit, wo jede Gruppe einzeln ihren „Unterhaltungswert“ bestreitet; von einer gesamtgesellschaftlichen, sozialen Anerkennung kann in dieser Konstellation kaum gesprochen werden.

In Österreich sind die Grundvoraussetzungen für eine intrakulturelle Gesellschaft historisch (Monarchie), als auch gegenwartsbezogen (das Gros der Migranten kommt aus für Österreich kulturnahen Ländern und Regionen) optimal vorhanden. Trotz einer strengen Kontingentierung der Gastarbeiter und einer restriktiven Handhabung der Asylgewährung stieg die Zahl der ausländischen Wohnbevölkerung seit 1951 (322.599) bis 1991 (689.603) kontinuierlich an. Diese statistische Zunahme setzt sich aus Nettozuwanderung plus Geburtenüberschuß minus Einbürgerung zusammen. 1994 erreichte der Anteil der in Österreich legal lebenden Ausländer rund 9 Prozent.

Der größte soziale Sprengstoff verbirgt sich immer in der irrationalen „Begegnung“ der Inländer mit den Asylanten, die nie als Hilfe (Erledigung „schmutziger“ Arbeiten), sondern immer als Last empfunden werden. Gänzlich anders als zur Zeit des (auch) real (kaum) existierenden Sozialismus jenseits des Eisernen Vorhanges werden die heutigen Asylanten von den Inländern so gut wie nie willkommen geheißen; nicht einmal die bosnischen Kriegsflüchtlinge. Ganz zu schweigen von den Schwarzafrikanern, deren politische Bedrohung in ihrer Heimat meist als „Stammeskämpfe" bagatellisiert werden. Bedingt durch den großen Einfluß der Medienberichterstattung und der Kommentare werden in Österreich noch am ehesten Asylsuchende aus islamisch-fundamentalistischen Ländern akzeptiert; auch die Kurden – so lange sie sich „friedlich" verhalten.

Die Zahl der Asylsuchenden ist in Österreich stark rückläufig. Wurden 1987 noch 11.406 politische Flüchtlinge registriert, waren es 1993 nur mehr 4.744. Gegenwärtig (1999) gibt es nur 2.234 Asylwerber in Bundesbetreuung. Je nach den schwer wiegenden politischen Problemen in Osteuropa kamen die meisten Asylsuchenden 1988 aus Polen (6.670), 1990 aus Rumänien (12.199) und 1992 bzw. 1993 aus dem ehemaligen Jugoslawien (7.410, bzw. 1.851). Da ein Großteil der gegenwärtigen Asylsuchenden aus Exjugoslawien kommt – vorwiegend aus Bosnien –, das bei einer günstigen politischen und wirtschaftlichen Situation wieder in seine Heimat zurückkehren will, ist der Integrationswunsch dieser Menschen nicht allzu groß.

Bedeutend größer als bei den Asylsuchenden ist die Integrationsmöglichkeit der sonstigen Migranten in Österreich. Der allgemeine Integrationsprozeß verläuft am günstigsten unter den Exjugoslawen. Während die Zahl der exjugoslawischen und türkischen Einbürgerungen in den letzten Jahren anstieg, ging der Anteil der Neu-Österreicher aus den übrigen Ländern eher zurück.

Einer der wichtigsten Integrationsfaktoren ist das Alter der in Frage kommenden Population (ausländische Bevölkerung): Vier Fünftel der ausländischen Wohnbevölkerung (nach der

Volkszählung 1991) sind jünger als 45 Jahre, bei den Österreichern sind es nur ein wenig mehr als drei Fünftel (63 %). Während 20% der Österreicher/innen 60 Jahre und älter sind, entfallen bei den Ausländer/-innen auf diese Altersklasse nur 6%. Im Vergleich zu Österreichern haben in der Altersverteilung die Türken vor allem bei jüngeren, die ehemaligen Jugoslawen bei mittleren und Deutsche bei älteren Altersgruppen einen zum Teil beträchtlichen Überhang."[76]

Entsprechend dieser jungen Population sorgen ausländische Familien für eine Stabilisierung von Geburtenzahl und Geburtenrate. Während der Anteil von österreichischen Familien mit mindestens einem Kind von 67% (1989) auf 66% (1993) fiel, stieg er für alle ausländischen Familien im selben Zeitraum von 64% auf 74%. Besonders bei der türkischen Bevölkerung stellen Familien ohne Kinder eine Mehrheit dar: Nur 10% aller in Österreich lebenden türkischen Familien haben keine Kinder. „Sonstige" und ehemals jugoslawische Familien haben zu rund 70% „ein Kind und mehr". Auch Großfamilien bleiben Türken vorbehalten, 12% haben mehr als vier Kinder. Hinzuzufügen ist aber, daß auch die Anzahl türkischer Familien mit mehr als vier Kindern im Sinken begriffen ist (1989 betrug der Anteil noch 16%). Im Zeitverlauf ist damit auch bei ausländischen Familien ein Trend zu kleineren Familien zu beobachten.[77]

Der zweitwichtigste Faktor nach dem Alter, bezogen auf die zu erwartende Integration, ist die Schulbildung und die dadurch bedingte soziale Schichtung der Ausländer: „Ausländer weisen im Vergleich zu Österreichern eine im allgemeinen viel geringere Schulbildung auf. Dies gilt vor allem für ehemalige Jugoslawen und Türken: Während 1993 nur jeder vierte Österreicher einen Pflichtschulabschluß als höchste abgeschlossene Schulbildung aufweist, sind es bei ehemaligen Jugoslawen rund zwei Drittel (65%) und bei Türken fast vier Fünftel (78%). Einen Lehrabschluß haben nur 26% der ehemaligen Jugoslawen und 18% der Türken (Österreicher:

43 %), rechnet Gerald Hammer in den „Statistischen Nachrichten“ vor. Er fährt fort: „In allen anderen Abschlüssen, wie etwa mittleren (Fach-)Schulen, Allgemein- und Berufsbildenden höheren Schulen sowie Universitäten/Hochschulen findet sich nur ein ganz geringer Anteil an ehemaligen Jugoslawen und Türken. Im Vergleich zu 1989 läßt sich allerdings eine Qualifizierung durch Ausbildung feststellen: z. B. stieg der Anteil der ehemaligen Jugoslawen mit Lehrabschluß von 18 % auf 26 %, jener der Türken von 12 % auf 18 %.“[78]

Der dritte Integrationsfaktor – neben Alter und Schulbildung – ist die Wohnsituation der Migranten: „Ausländer haben, im Vergleich zu Österreichern, fast durchwegs einen schlechteren Wohnungsstandard, sind mit Wohnraum unterversorgt und zahlen, zumindest pro m^2 Nutzfläche, mehr für ihre Wohnungen. Während 98 % der Österreicher zumindest eine Wohnung mit Einzelofenheizung und Bad bewohnen, sind es bei Türken 74 % und bei ehemaligen Jugoslawen nur 68 %, die über einen entsprechenden Standard verfügen“, zitiert Hammer weiter. „Substandardwohnungen werden von 24 % der ehemaligen Jugoslawen und 16 % der Türken bewohnt. Die heterogene Gruppe der Ausländer mit sonstiger Staatsbürgerschaft weist einen besseren, den Österreichern vergleichbaren Wohnungsstandard auf. Im Zeitvergleich läßt sich jedoch eine deutliche Verbesserung der Wohnsituation von ehemaligen Jugoslawien und Türken beobachten.“ Hammer resümiert: „So nahm z. B. der Anteil der ehemaligen Jugoslawen in Substandardwohnungen von 51 % (1989) auf 24 % (1993) ab. Bei Türken sank der entsprechende Anteil von 40 % auf 16 %.“[79]

Erfahrungswerte zeigen, daß sinkende Kinderzahl, verbesserte (nachgeholte) Schulbildung und ein Hinausdrängen aus den Substandardwohnungen die Anpassungsbereitschaft bzw. die Integrationsmöglichkeit der Migranten wesentlich verbessert. Diese Tatsache ist jedoch weder neu, noch auf Österreich beschränkt.

Im Gegensatz zu den drei genannten Integrationsfaktoren (Alter, Bildung, Wohnung) spielt das Einkommen der in Österreich legal lebenden Ausländer eine nicht so wesentliche Rolle wie man das bisher angenommen hatte, da die Entlohnungsdisparität zwischen inländischen und ausländischen Hilfs- und angelernten Arbeitern nicht allzu groß ist. Während das monatliche Medialeinkommen der Exjugoslawen bei rund 12.000 Schilling und der Türken bei ca. 11.500 Schilling liegt, beträgt das Inländereinkommen der Nichtfacharbeiter rund 14.500 Schilling. Hiezu kommt, daß nahezu alle Gastarbeiter-Ehefrauen – in einem höherem Ausmaß als die der inländischen – berufstätig sind, bzw. zahlreiche Exjugoslawinnen und Türkinnen in Privathaushalten „schwarz" beschäftigt werden; sie verdienen mit ihrer Halbtagsbeschäftigung mehr als ihre legal arbeitenden Ehemänner.

Die Zahl der in Österreich „schwarz" arbeitenden Illegalen ist nicht sehr groß, da ihre Nichtversicherung bei einem Arbeitsunfall für jeden Arbeitgeber unangenehme Konsequenzen nach sich zieht. Demgegenüber werden zahlreiche Tagespendler aus Ungarn und der Extschechoslowakei in grenznahen Betrieben gerne „schwarz" beschäftigt, da sie im Falle eines (leichteren) Unfalles sofort nach Hause transportiert werden können.

ANGST AUS MASSIERUNG

„Freiwillige Ghettoisierung" heißt die Folge der relativ niedrigen Anpassungsbereitschaft der – hauptsächlich – in Wien lebenden Türken. Die bereits erwähnte „Ausländerfeindlichkeit", die auch in Österreich ausschließlich kulturell bedingt und bestimmt wird, umgibt die Türken in den Städten mit einer Aura der Bedrohlichkeit. Die logische Kette der Andersartigkeit ist gegeben: andere Religion (Islam), abweichendes soziales Verhalten (Großfamilien), niedrige

Anpassungsbereitschaft (keine nennenswerte Integrationsmöglichkeit), berufliche Einengung (Hilfs- und angelernte Arbeiter) und schlußendlich die Ghettoisierung (örtliche Massierungen).

Ein Gutteil der rund 800.000 in Österreich lebenden Ausländer wird von den (angestammten) Wienern als „Zugewanderte" erlebt. Und das auch dann, wenn sie die österreichische Staatsbürgerschaft – ohne eine innere Bindung zu ihrer „neuen Heimat" – erhalten.

In Österreich leben – auch im internationalen Vergleich – nicht viele Ausländer: 10 Prozent der Gesamtbevölkerung. 318.603 kommen aus Exjugoslawien, 156.641 aus der Türkei und 262.033 aus anderen Ländern der Welt. Die geltenden Fremden-, Aufenthalts- und Asylgesetze wurden in Österreich Anfang der 90er Jahre geschaffen, um den politischen Veränderungen in Europa und den Migrationsbewegungen Rechnung zu tragen. Im Laufe der letzten Jahre haben sich die wirtschaftlichen und gesellschaftlichen Rahmenbedingungen weiter verändert, weshalb der österreichischen Bundesregierung eine Anpassung und Novellierung des geltenden Rechts notwendig erschien.

Die politisch-administrative Seite des österreichischen Fremdenrechts faßt die Bundesregierung im so genannten „Integrationspaket" zusammen, dessen Intentionen in zwei Richtungen gehen:

- der Wille des Gesetzgebers und der Vollzug drücken sich im Satz: „Integration vor Neuzuwanderung" aus – und
- die Gesetzesänderung soll eine humanere Spruchpraxis und ein differenzierteres Eingehen auf Einzelfälle ermöglichen.

Der Neuzuzug wird deutlich eingeschränkt, sodaß auf absehbare Zeit nur mehr Schlüsselkräfte und deren Familienangehörige sowie Familiennachzug eine Zuwanderungserlaubnis erhalten. Für jene ausländischen Mitbürger, die seit Jahren ihren Lebensmittelpunkt in Österreich haben, werden verstärkt integrationsfördernde Maßnahmen gesetzt. Die zweite Generation ausländischer Mitbürger soll auch aufenthaltsrechtlich den Österreichern gleichgestellt sein. Die erste Generation soll nach langjährigem Aufenthalt in Österreich Aufenthaltssicherheit genießen. Für die legal in Österreich lebenden Fremden wird schrittweise die Möglichkeit geboten, sich am Arbeitsmarkt zu bewerben.

Das Integrationspaket zeigt seine Auswirkungen. So beabsichtigte z. B. der ehemalige Innenminister Karl Schlögl Migrantenkinder bereits nach vier Jahren Aufenthalt einzubürgern. Diese erleichterte Einbürgerung steht dem Wunsch nach Doppelstaatsbürgerschaft entgegen. Die politischen Meinungen sind allerdings nicht einheitlich; nicht nur zwischen den politischen Parteien, sondern auch innerhalb der Sozialdemokraten gibt es diesbezügliche Meinungsverschiedenheiten. Während der Exinnenminister nichts von einer Doppelstaatsbürgerschaft hält, schlägt seine Parteigenossin, die Wiener Integrationsstadträtin Renate Brauner, vor, Migrantenkindern bis zur Volljährigkeit die Doppelstaatsbürgerschaft zu verleihen, die sich dann erst mit 19 Jahren für eine der beiden entscheiden müssen.

Die „Grünen“ fordern die Ermöglichung der Doppelstaatsbürgerschaft und die Einbürgerung für alle bereits nach fünf Jahren Aufenthalt in Österreich, statt nach zehn Jahren, wie das jetzt der Fall ist. Der Rechtsanspruch auf Einbürgerung sollte nach zehn und nicht erst nach 30 Jahren gelten.

Das österreichische Staatsbürgerschaftsgesetz erlaubt – laut § 10, Absatz 4 – eine besonders schnelle Einbürgerung „im Interesse der Republik“; das kann aus sportlichen, kulturellen oder aus wirtschaftlichen Gründen erfolgen.

In den meisten Heimatländern der Einbürgerungswilligen, wie in der Türkei und im ehemaligen Jugoslawien, müssen sich die Betreffenden zunächst von ihrer bisherigen Nationalität verabschieden. In diesen Fällen stellen die österreichischen Behörden einen Zusicherungsbescheid aus, ein Versprechen auf Zuerkennung der österreichischen Staatsbürgerschaft.

Die Zuwanderung wird in Österreich, wie in den meisten EU-Ländern stark restriktiv gehandhabt; so wird z. B. der Zuzug nach Wien halbiert.

Auf Österreich wartet jedoch – im Zuge der EU-Osterweiterung – noch ein separates Problem. Nach eigenen Angaben wollen 700.000 Ungarn, Polen, Tschechen und Slowaken in den EU-Ländern arbeiten; 150.000 davon in Österreich. Die beiden Autoren der Studie „Migrationspotential Ostmitteleuropa", Christiane Hintermann und Heinz Fassmann, vom Wiener „Institut für Stadt- und Regionalforschung" warnen vor einer „Abschottung" den potentiellen Zuwanderern gegenüber.

Interessant ist die Schul- und Ausbildung dieser künftigen, meist kurzzeitigen Arbeitsmigranten: Im Gegensatz zu den türkischen und exjugoslawischen Gastarbeitern handelt es sich dabei gutteils um gutqualifizierte Arbeitskräfte; 12,2 % sind Akademiker, 34,6 % absolvierten ein Gymnasium, 31,4 Prozent haben eine abgeschlossene Berufsausbildung und lediglich 13,7 % gelten als Hilfs- bzw. angelernte Arbeiter. Die meisten dieser künftigen Arbeitsmigranten wollen nach Deutschland (45,1 %), gefolgt von Österreich (29,3 %) und England (4,2 %), 7,1 % würden gerne in der Schweiz arbeiten. Das Gros der höher Gebildeten will, im Gegensatz zu den Hilfs- und ungelernten Arbeitern, „höchstens zwei Jahre im Ausland arbeiten".

Entscheidend für einen optimalen Ablauf des Integrationsprozesses ist, wie bereits erwähnt, die Anpassungsbereitschaft der Migranten, die von vielen Faktoren, einige erwähnten wir schon, abhängen; so auch von ihren Lebensbedingungen, die vom Österreichischen Statistischen Zentralamt erhoben und publiziert (ÖSTAT-Pressemitteilungen, 6.915-173/99) wurden: Bei der in Österreich lebenden ausländischen Wohnbevölkerung handelt es sich um eine sehr junge bzw. sehr kinderreiche Population. 80% der ausländischen Wohnbevölkerung (Mikrozensus 1998) sind jünger als 45 Jahre, bei den Österreichern sind es nur 60%. Der Anteil von ausländischen Familien mit mindestens einem Kind lag 1998 bei 71%. Hervorzuheben sind hier insbesondere türkische Familien mit einem Anteil von 84% – der Vergleichswert für österreichische Familien liegt bei 63%. Ein wichtiger Aspekt der Integration, vor allem der jüngeren („zweiten") Generation der in Österreich lebenden Ausländer ist in der Kinderbetreuung und der „Einschulung" zu sehen. Während im Vorschulalter (unter 6 Jahren) österreichische Kinder zu 37% Kinderbetreuungseinrichtungen besuchen, sind es bei Kindern aus dem ehemaligen Jugoslawien und der Türkei nur 32% bzw. 20%. Von den Kindern ausländischer Staatsbürgerschaft können 35% aus finanziellen Gründen nicht in Kindergärten untergebracht werden, besonders hoch ist dieser Anteil bei türkischen Kindern (45%; Österreicher: 16%).

Der schulische Werdegang determiniert in Österreich in hohem Maße die spätere berufliche Karriere und den damit verbundenen Lebensstandard. Der Vergleich zwischen Inländern und Ausländern nach dem Besuch ausgewählter Schultypen zeigt, daß Kinder ausländischer Staatsbürger eine schlechtere Erstplazierung am Arbeitsmarkt zu erwarten haben. Sie sind in überdurchschnittlichem Maße in Haupt-, Sonderschulen und im Polytechnikum vertreten. Besonders ihr hoher Anteil an den Sonderschülern (24%) weist auf mögliche Integrationsdefizite hin.

Die Arbeitsplätze von ausländischen Arbeitskräften sind im Schnitt geringer entlohnt als jene von Österreichern. Das standardisierte Netto-Personeneinkommen aller unselbständig erwerbstätigen Österreicher liegt bei S 16.100 (Medianeinkommen), jenes von ehm. Jugoslawen bei S 13.000; Türken verdienen S 13.300 und „sonstige" Staatsbürger S 14.400.

Ausländer sind von der Mehrzahl der beruflichen Belastungen in größerem Ausmaß betroffen. Hervorzuheben sind insbesondere Staub (ehm. Jugoslawen 46 %, Türken 34 %, Österreicher 26 %), Schmutz, Öl, Fett (39 %, 35 % zu 19 %), Industrielärm (35 %, 38 % zu 21 %) und Hitze (26 %, 33 % zu 21 %). Dies sind durchwegs Belastungen, wie sie typischerweise für Tätigkeiten in der Industrie und im Gewerbe zutreffen. Österreicher hingegen wiesen höhere Anteile an Belastungen auf, wie sie für „Bürojobs" charakteristisch sind (zu nennen wären hier „ständiges künstliches Licht" und „Bürolärm").

Ein Vergleich der Wohnverhältnisse ausländischer vs. österreichischer Arbeiter ergibt auffallend hohe Prozentsätze in Substandardwohnungen („nur Wasser oder keine Installation") im Bundesland Wien: 60 % der Türken, 55 % der ehemaligen Jugoslawen und 20 % der Ausländer mit „sonstiger" Staatsbürgerschaft, aber nur 8 % der Österreicher wohnen in Substandardwohnungen (der bundesweite Durchschnitt liegt für Türken und ehemalige Jugoslawen bei rund 30 %). Bemerkenswert ist auch der im Vergleich zu Österreichern überdurchschnittliche Mietaufwand bei Substandardwohnungen: sowohl pro Wohnung als auch pro Quadratmeter liegt der Aufwand bei ehem. Jugoslawen (S 1.940; S 64/m²), Türken (S 1.660; S 47/m²) und Ausländern mit „sonstiger" Staatsbürgerschaft (S 1.660; S 56/m²) ganz erheblich über jenen von Österreichern (S 1.460; S 37/m²).

Am Ziel einer (vollzogenen) Integration sollte die Staatsbürgerschaft stehen. So war es zumindest zu Zeiten der KP-Vorherrschaft in den COMECON-Staaten. Nicht nur die geflüchteten Sudetendeutschen, die von Haus aus Deutsch sprachen, sondern auch die exilierten Ungarn, Tschechen, Slowaken und Polen paßten sich schnell und gut an die Kultur ihres „Wirtslandes" – Österreich – an. Auch die Kriegsflüchtlinge aus Kroatien waren bemüht, sich Sprache und Sitte ihrer neuen Heimat im Blitztempo anzueignen. Die größten und wohl einzigen „Problemkinder" – vom Standpunkt der Integration – sind die Türken und, wenn auch zahlenmäßig vernachlässigbar, die bosnischen Kriegsflüchtlinge, wobei letztere – im Gegensatz zu den Türken – in ihre Heimat zurückkehren wollen.

Die Einbürgerungen, nehmen auch ohne nennenswerte Integration rapid zu: 1989 erhielten 8.500 Ausländer die österreichische Staatsbürgerschaft, zehn Jahr später bereits 18.321.

Erfolg oder Mißerfolg des Integrationsprozesses hängt natürlich nicht nur von den (betreffenden) Migranten ab; auch die generelle Ablehnung der „Fremden" (Xenophobie = Ausländerfeindlichkeit) hemmt die Anpassung.

Die soziologische (Fach-)Literatur ist mittlerweile reich an Studien[80], die die „Ausländerfeindichkeit" untersuchen. Viele dieser Arbeiten sind allerdings (links-)tendenziös und verteilen die Schuld einseitig – zu Lasten der „Inländer". Bereits die Ausgangssituation dieser pseudowissenschaftlichen Polit-Szenarien geht von einer völlig falschen Voraussetzung aus, indem sie zwischen „Ausländern" und „Inländern" strikt unterscheidet. Diese Arbeiten berücksichtigen nicht, daß vor allem „türkische Österreicher" zwar einen EU-Paß haben, sie aber trotzdem „Türken" geblieben sind. Dazu kommt auch noch eine andere, psychologisch zwar verständlicher, doch moralisch kritisierbare Tatsache: Gar nicht so wenige „Neo-Österreicher" grenzen ihre ehemaligen Landsleute aus und distanzieren sich von ihnen genauso ängstlich wie einst die assimilierten Juden von ihren chassidisch-frommen „Schicksalsgenossen". Die Angst um die eigene, schwer erkämpfte soziale Stellung schwingt hier entscheidend mit.

Eine der wenigen seriösen, weil nicht polit-tendenziösen „Ausländerfeindlichkeits"-Studien entstand in Heidelberg und ging in ihrer Endaussage als „Heidelberger Akzeptanz-Skala" in die Fachliteratur ein.[81] Die Studienautoren, Daniel Weimer, Mark Galliker und Carl F. Graumann, die ihre Arbeit in der „Kölner Zeitschrift für Soziologie und Sozialpsychologie“ 1/1999 publizierten, haben eine Skala der Ausländer„freunde“ erstellt:

- Akademiker wiesen den höchsten Akzeptanzanteil (20–22 Punkte) auf. Hier können wir allerdings erwähnen, daß A-Schicht-Angehörige eher selten mit Ausländern in Berührung (Wohn- und Arbeitsort) kommen, andererseits wiederum ihre gehobene wirtschaftliche Situation „Toleranz“ und „Humanität“ zulassen.
- Berufstätige im allgemeinen liegen mit 17 Akzeptanzpunkten im Mittelfeld – und
- Rentner/Pensionisten erreichten nur 10 Punkte, zeigen demnach den höchsten Ausländerfeindlichkeitsanteil.

Selbst die gut aufgebaute und seriös durchgeführte „Heidelberger Akzeptanz-Skala“ kann nur Altbekanntes bestätigen: Bildung und Ausländerakzeptanz verlaufen parallel.

In unserer Zeit der „political-correctness“-Diktatur relativiert Daniel Weimer die Ergebnisse der Studie: „Dieses Ergebnis sagt nichts darüber aus, ob die Leute diskriminierende Einstellungen haben, diese jedoch im Zeitalter der political correctness nicht mehr zu äußern wagen.“[82]

Einer der größten Integrations-Hemmfaktoren ist die Wohnsituation, die (freiwillige) Ghettoisierung. Deshalb verlangen die „Grünen“ und Spitzenfunktionäre der Wiener ÖVP die „Öffnung“ der Gemeindebauten für „Ausländer“. Die Wohnsituation allein löst jedoch die sozialen Spannungen nicht. Das wissen, um nur ein Beispiel zu nennen, auch die Bewohner des „Kurt Heller-Hofs“ in Wien Leopoldstadt (Engerthstraße). Hier wohnen seit vielen Jahren eingebürgerte „Neo-Österreicher“ türkischer und serbischer Herkunft. Die Reaktion der Alteingesessenen fällt eindeutig aus: „‚Es gibt auch hier genug Leute, die keine Zuwanderer als Nachbarn wollen‘, stellt der Hausbesorger Gerhard Petrides fest.“[83]

Die Auskunft des Hausmeisters sagt mehr aus als Dutzende soziologische Studien. So ist es kein Wunder, daß der Anteil der FPÖ-Wähler im „Kurt Heller-Hof“ von Wahl zu

Wahl zunimmt. – Diese kleine Geschichte geht – typisch „wienerisch" – allerdings gut aus. Der, trotz seiner österreichischen Staatsbürgerschaft immer noch als „Ausländer" bezeichnete Serbe Dragan Savic – Vater von vier Kindern – sitzt gemütlich im Wohnzimmer des Hausmeisters Pedrites und erzählt der „Presse"-Mitarbeiterin Julia Ortner: „Ich war noch gar nicht in die Wohnung eingezogen, da haben sich manche schon aufgeregt: Der Tschusch soll ham fahren, der zahlt eh nix für die Wohnung. Und vier Kinder hat er auch noch, die an Lärm machen." – Sein Wiener Dialekt zeigt trotz „Ausländerfeindlichkeit" die hohe Anpassungsbereitschaft. Es ist also mit großer Wahrscheinlichkeit anzunehmen, daß bereits die (vier) Kinder des Ex-Serben Dragan Savic „gute" Österreicher sein werden; wie einst die Böhmen, Mähren und Ungarn.

Trotzdem: Die (ÖVP- und Grünen-)Idee der Gemeindebauten-Öffnung ist falsch und fatal. Das bestätigt auch die für Integration zuständige Wiener Stadträtin Renate Brauner: „Man muß sich die Situation in den Alt-Gemeindebauten ansehen. Zirka ein Drittel der dorthin Zugewiesenen sind Menschen, die wegen Schwierigkeiten betreut werden müssen. Ein weiteres Drittel sind Menschen, die erst seit kurzem einen österreichischen Paß haben, oft vielköpfige Familien, und schließlich ein Drittel sind sozial Schwache", erzählt Brauner in der „Wiener Zeitung". Sie fährt fort: „Diese Gruppen treffen dort auf ein Klientel älterer Menschen, die oft Ängste haben, was sich auch in Ausländerfeindlichkeit äußerst. Dazu kommt, daß die Anzahl solcher Wohnungen beschränkt und der Bedarf groß ist. Auch die Vorstellung, die Zuwanderer über ganz Wien zu verteilen, scheitert schon daran, daß diese billigen und alten Gemeindebauten ja ebenfalls in ganz bestimmten Bezirken stehen." Brauner resümiert dann: „Schon von der Anzahl der zur Verfügung stehenden Wohnungen her würde also das Wohnproblem der Zuwanderer nicht zu lösen sein, hingegen würde das die Konflikte, die es im Gemeindebau jetzt schon gibt, noch verstärkten."[84]

Manchmal liefert auch die Wissenschaft der Fremdenfeindlichkeit Nahrung; oder anders formuliert: Für alle Behauptungen gibt es eine Studie! So stellte Ende 1999 das Kriminologische Forschungsinstitut in Niedersachsen klipp und klar fest: Ausländische Männer sind aggressiver als ihre inländischen Geschlechtsgenossen. Immerhin: Ein Auszug aus dieser Studie wurde – aus welchen Gründen auch immer – sogar im Emanzen-Blatt „Emma" publiziert. Der Leiter des Forschungsinstitutes, Christian Pfeiffer, und seine Mitarbeiter haben rund 16.000 Jugendliche befragt. Vor allem ausländische Jugendliche zeigen, so der Studienleiter, ein „traditionelles, von Dominanz und Gewalt geprägtes Männlichkeitskonzept".

Diese Studie ist kein rassistisches Machwerk; selbst das Zentrum für Türkeistudien (Essen), das selbstverständlich diese Ergebnisse kritisiert, schafft kein anderes Gegenargument als eine schwächliche Entschuldigung: Die wahre Ursache liegt in der sozialen Benachteiligung, in deren Folge Frustrationserscheinungen auftreten. Als Endergebnis dieses unerfreulichen Prozesses erblickt Dirk Halm, Immigrationsexperte des Essener Zentrums, einen Rückzug in traditionelle Rollen- und Männlichkeitsideale. – Und diese „Ideale" äußern sich in Gewalt und Brutalität. Auch unter Türken.

REZEPT: ERMÖGLICHUNG STATT ERLEICHTERUNG

Die mangelnde Anpassungsbereitschaft der in den österreichischen Mittel- und Großstädten lebenden Türken bewirkt auch eine Änderung des Wahlverhaltens. So gaben z. B. 61 Prozent der SPÖ-Sympathisanten an, daß sie am 3. Oktober 1999 (Nationalratswahlen) für die FPÖ gestimmt hatten. Diese Tatsache ist nichts Neues, doch sollte sie, vor allem seitens der SPÖ, nicht stillschweigend hingenommen werden.

Es gibt ein Rezept, es gibt sogar einen Spitzenpolitiker, der dem FP-Vormarsch Einhalten gebieten kann.

Das Rezept ist einfach: Verständnis für die Bedürfnisse der „Inländer" zu signalisieren und die Anpassungsbereitschaft der „Ausländer" zu fördern. Etwas pointiert formuliert: Ermöglichung statt Erleichterung. Das heißt: Die Öffnung der Gemeindewohnungen für Ausländer würde höchstwahrscheinlich zum „Zweiten Karl-Marx-Hof-Krieg" (nach 1934) führen. Auch die Einbürgerungen ohne Sprach- und sonstigen Kenntnisse führen in die Irre und hemmen den Integrationsprozeß. Wir wissen alle: Gratis ist immer wertlos! Genauso wie man Kinder und Jugendliche erziehen muß – vor allem in ihrem eigenen Interesse –, sollten sich auch integrationswillige Ausländer die Erreichung ihres (Staatsbürgerschafts-)Zieles erarbeiten.

Zu diesem Rezept gibt es auch eine politische Verkörperung: Karl Schlögl, der als ehemaliger Innenminister nicht nur den freiheitlichen Erfolgskurs bei der Polizei, sondern auch die noch stärkere Abwanderung der SPÖ-Sympathisanten zur FPÖ stoppen konnte. Das stellte auch der Obmann der Sozialwissenschaftlichen Studiengemeinschaft (SWS), Heinz Kienzl, fest, daß „bei einem weniger strikten Restriktionskurs von Innenminister Karl Schlögl in der Ausländerfrage ... die SPÖ weitere zwei bis drei Prozent an Stimmen eingebüßt ... hätte".[85]

Die mangelnde Anpassungsbereitschaft der ersten türkischen Gastarbeitergeneration schlägt bei ihren Kindern nicht selten in eine nationalistisch gefärbte Aggression als Folge unterschiedlicher Komplexe um: Minderwertigkeits- (Kind Zugewanderter zu sein) und Schuldgefühle (entfremdet von der „alten Heimat") erschweren ihre Situation.

Im Gegensatz zu den „neuen Österreichern" aus den exkommunistischen Länder Osteuropas, die seit der Systemwende in der „alten Heimat" oft als ehrenamtliche „Botschafter" im Interesse aller Beteiligten auftreten, können türkische

Jugendliche diese ausgleichende Funktion (noch) nicht wahrnehmen. Das zeigt sich auch in der Diskussion über eine EU-Mitgliedschaft der Türkei. Die hier geäußerten Sprüche junger Türken strotzen vor Aggression: „Die Türken überlegen sich gut: können wir überhaupt mit Europa leben?“, „Wir werden die Besten sein, Europa zu erobern“ und schlußendlich: „Die Christen kriegen dann Minderwertigkeitskomplexe.“ Die Europäer bekommen (vielleicht) Minderwertigkeitskomplexe; die jungen Türken haben sie schon.

Integration, das zeigen auch diese Beispiele, kann man nicht erzwingen; höchstens ermöglichen. Diese Ermöglichung kann eine Folge sozialpolitischer Maßnahmen sein. So sollte z. B. die Wohnqualität (Stadterneuerung) „gerade in ... Gebieten mit hohem Zuwandereranteil“[86] (Renate Brauner, Integrationsstadträtin) erhöht werden.

In den letzten 100 Jahren wurde eine halbe Milliarde Migranten „offiziell“ gezählt; die Dunkelziffer beträgt wahrscheinlich ein Vielfaches dieser rund 500 Millionen Menschen:

- Von 1880 bis zu den Anfängen des Zweiten Weltkrieges (1940) sind fast 100 Millionen Menschen „unterwegs“, darunter 49 Millionen aus West- und 15 Millionen aus Osteuropa. Bis zum Beginn des Ersten Weltkrieges zog es die meisten europäischen (Wirtschafts-)Migranten nach Kanada, in die USA und nach Australien.
- Von 1945 bis 1989 (Ende des europäischen Kommunismus) machen sich über 200 Millionen Menschen auf die Wanderschaft, darunter 27 Millionen nach Ost- und Westeuropa und 41 Millionen nach Nordamerika.
- Von 1990 bis 1998 verlassen über 90 Millionen ihre Heimat. Jetzt kommt das Gros nicht mehr aus Europa, sondern aus den Ländern der Dritten und Vierten Welt nach Europa.

Diese Daten[87] zeigen die Trends künftiger Migrationswellen: von Süden nach Norden, wobei die Zahl der Flüchtlinge im eigenen Land, auf dem eigenen Kontinent, stark zunimmt: Asien (7,4), Afrika (7,3), Europa (6,0 Millionen).

Als Antwort auf diese Trends rüsten immer mehr Aufnahmeländer auf. So verschärft auch das liberale Schweden seine Asylgesetzgebung, in deren Folge immer weniger Migranten Flüchtlingsstatus erhalten. Während 1992 (Bosnien-Krise) noch rund 85.000 Menschen als Flüchtlinge akzeptiert wurden, sank ihre Zahl 1999 (Kosovo-Krise) auf unter 4.000. Streng regulierte Familienzusammenführung, niedrige Sozialleistungen für Asylsuchende und ein „Dienst nach Vorschrift" in der Handhabung des Ausländerrechts sollen potentielle Schutzsuchende, die aus diesen Ländern auch keine Besuchervisa mehr erhalten, zurückschrecken.

Auch die Engländer wehren sich; sie kritisieren im Zusammenhang mit der „Asyltouristik" auch die Schengener Gesetze, die keine nationalen Grenzkontrollen mehr kennen, und daher „umspült zu viel kaltes Wasser unsere Grenzen", so Innenminister Jack Straw. Auf Wunsch der englischen Behörden verweigern nahezu alle Fluggesellschaften Passagieren ohne gültige Dokumente die Einreise ins Inselreich.

In Belgien verfährt man „hart, aber fair" mit Asylsuchenden, die zwar mit einem schnellen Verfahren, doch auch mit einer rigorosen Abschiebung im Fall einer Ablehnung rechnen können.

Genauso verfahren die Schweizer Behörden mit Flüchtlingen; solche aus Kriegsgebieten können hier nicht mehr mit dem Segen der „Genfer Konvention" rechnen. Die Berner Regierung will auch keine „Arbeitsmigration über den Asylweg"[88] erreichen, und daher erhalten Asylwerber keine Arbeitsgenehmigung mehr.

Auch Deutschland, das lange Zeit eine Politik der „offenen Grenzen" praktizierte, möchte den Asyl- und Migrationsstrom eindämmen und schickt alle Illegalen – wie übrigens auch Österreich – in „sichere Drittländer", dazu gehören auch alle osteuropäischen Staaten, zurück. Auch die hohe Beteiligung an der CDU-Unterschriftenaktion gegen die Doppel-Staatsbürgerschaft zeigt eindeutig den „Willen des Volkes".

Die einschlägige internationale Situation (Migrationsströme und das Verhalten der Zielländer) verlangt auch über- und zwischenstaatliche Maßnahmen. Diesem anspruchsvollen Ziel dient unter anderem das in Wien beheimatete „Internationale Zentrum für Migrationspolitik und Entwicklung (ICMPD). Die Ausarbeitung von langfristigen Strategien zur Lösung der Migrationsprobleme, und der Erfahrungsaustausch zwischen Regierungen über Asylpolitik sind die Hauptaufgaben des ICMPD. „Auf der Grundlage von Forschungen sollen politische Maßnahmen erarbeitet werden, mit denen den Problemen der Wanderungsbewegungen von Ost nach West und von Süd nach Nord begegnet werden kann", sagt der Direktor des Zentrums, der ehemalige schwedische Staatssekretär für Flüchtlingsfragen und Koordinator des UN-Hochkommissariats für Flüchtlinge (UNHCR, Jonas Widgren.[89] Immerhin: ICMPD-Experten rechnen allein in Europa mit einem jährlichen Migrantenstrom von rund 1,5 Millionen Menschen.

LINKE „INLÄNDERFEINDLICHKEIT"

Eine nur halbwegs objektive Migrationssoziologie ist leider nicht einklagbar, da die meisten Sozialwissenschaftler mit ideologisch (links und links-links von der Mitte) vorgefaßten Meinungen ans Werk gehen und stets nach idealistischen Lösungsmodellen Ausschau halten. Das allein wäre noch nicht schlecht, nur die Einseitigkeit ihrer, in der Praxis gänzlich undurchführbaren „konkreten" Vorschläge geht an Gefühlen und Interessen der Mehrheitsbevölkerung sträflich vorbei.

Im Gegensatz zu diesen, meist links-schlagseitigen Arbeiten stehen die Autoren der so genannten „Wiener Deklaration".

Die Wiener EU-Präsidentschaft hat nicht nur in der gesamteuropäischen Politik tiefe Spuren hinterlassen, sondern auch eine wissenschaftliche Antwort auf eine der wichtigsten gesellschaftspolitischen Fragen gegeben: die „Wiener Deklaration über Multikulturalität und Multiethnizität in Mittel- und Ost- und Südosteuropa", deren Ergebnisse von Ernst-Peter Brezovszky, Arnold Suppan und Elisabeth Vyslonzil (Peter Lang Verlag, Frankfurt/Wien, 1999) herausgegeben wurden.

In seinem Vorwort betont der Wiener Diplomat Ernst-Peter Brezovszky den polarisierenden Charakter in der politischen Debatte der Multikulturalität, die selbst in der Zeit der Globalisierung Nationalismus und auch Fremdenfeindlichkeit bewirkt.

Die so genannte „Ausländerfrage" ist – genau genommen – nichts anderes als die falsche Reaktion auf die durch Globalisierung verursachte Angst. Während die weltweiten blutigen Auseinandersetzungen zwischen Nationen und Religionen meist im Schatten von Armut und Hunger blühen, versuchen nahezu alle „reichen" Länder als Folge der Fremdenfeindlichkeit sich abzuschotten.

Die politische Antwort auf die Ausgrenzung der „Fremden" sollte, so die Autoren der „Wiener Deklaration", keineswegs auf die „emotionale Komponente menschlichen Zusammenlebens verzichten, bzw. die hier aufgetretenen psychologischen Komponente außer acht lassen.

Die Extremstandpunkte in dieser großen und wichtigen Diskussion sind leicht: auf der einen Seite die politisch-populistischen Schlagworte – wie „Überfremdung" und „Umvolkung" –, auf der anderen die moralische Keule und das Unverständnis für die ängstlichen Abwehrhaltungen. Beide demagogischen Positionen lassen keine echte Diskussion zu.

Gegen die Sackgassenmentalität der Extrempositionen argumentierten Experten aus 25 europäischen Staaten, die anläßlich der österreichischen EU-Ratspräsidentschaft in Wien tagten. Die europäischen Migrationsexperten, zu denen auch der damalige Leiter des Büros für internationale Beziehungen der Stadt Wien und spätere Hohe Repräsentant für Bosnien und Herzegowina, Wolfgang Petritsch, gehörte, haben mit Hilfe eines Fünf-Punkte-Katalogs das umfassende Thema der Gesamtmigration zusammengefaßt:

- Kultur
- Sprache
- Religion
- Medien/Images
- Politik

Auf diese Struktur baute die Wiener EU-Konferenz für Migrationsfragen auf.

Am Anfang der Untersuchungen stand das Umfassendste: die Kultur, die völkerverbindend, aber auch völkerzerstörerisch wirken kann. „Kultur" gehört – wie auch „Moral" – zu den Begriffen, die immer nur positiv bewertet werden. Während diese (einseitige) Wertung in der (idealistischen) Philosophie zutreffend ist, versagt sie in der soziologischen und politischen Wirklichkeit. „Das Klischee von der Kultur als großartigem Mittel der Freundschaft zwischen den Menschen, selbst in Fällen, wo die Politik schon versagen mag, dieses vielen lieb gewordene Trugbild läßt sich jedenfalls nicht mehr aufrecht erhalten." (Ernst-Peter Brezovszky).

Der Schweizer Zeitgeschichtler Urs Altermatt, gleichfalls Mitgestalter der „Wiener Deklaration", entlarvt den generellen Nachkriegs-Zweckoptimismus, wonach die Epoche des Nationalismus in Europa zu Ende gegangen wäre: „Diese Annahmen erwiesen sich als trügerisch." Vor allem die unzähligen und alles andere als unblutigen nationalen Kämpfe in Schottland, Nordirland, Korsika, im Baskenland, in Südtirol und Exjugoslawien rauben jeden Friedensoptimismus.

Im Schatten dieser nationalistischen Auseinandersetzungen erleben wir bereits jetzt einen zunehmenden Migrationsstrom. Das ökonomische Wachstum westeuropäischer Länder – aus ökonomischen Gründen zählt auch Österreich hiezu – lösen eine enorme Sogkraft für Mobilität und Migration aus.

Nicht nur als Antwort auf die durch Globalisierung ausgelösten Ängste und Aggressionen, sondern auch infolge dieser „Magnet"-Funktion reicher Industriestaaten „ziehen sich die Menschen auf kollektive Identität zurück" (Urs Altermatt).

EINHEIT AUS VIELFALT

Die Experten der „Wiener Deklaration" weisen folgerichtig auf die mannigfachen, vielseitigen Folgen der modernen Individualisierungsprozesse hin. Einerseits schaffen diese Prozesse – auch als „die Moderne" zu verstehen – einen bis dahin unbekannten Freiraum voll Selbstbestimmung, sozialer Mobilität, beruflicher Flexibilität und Erfolgschancen. Andererseits jedoch wird der Zerfall herkömmlicher sozialer Beziehungen beschleunigt, in deren Folge Orientierungslosigkeit und auch nicht ungefährliche Ersatzleistungen (Drogen, Sekten, individuelle Verantwortungsabschiebung) blühen.

Wie kaum ein anderes Land ist Österreich prädestiniert, den Weg einer friedlichen und einheitlichen „Multikulturalität" in der Praxis zu zeigen. Vor allem der östliche Teil Österreichs („Schmelztiegel Wien") beweist die Kraft der kulturellen Einheit aus Vielfalt. So machten Millionen Zuwanderer aus den alten „Kronländern" in den letzten zweihundert Jahren aus Wien eine „Kultur-Großmacht" vieler sozialer Schichtungen.

So einfach läßt sich natürlich das „Vereinte Europa" nicht schaffen; allein die unterschiedlichen Sprachen und Traditionen stehen der kulturellen Einheit im Wege. „Aus der Weltgeschichte kann man sich die Bildung einer europäischen Nation nur unter den furchtbaren Bedingungen eines Zivilisationskrieges vorstellen." (Urs Altermatt)

Urs Altermatt zeigt uns aber auch einen positiven Ausweg aus der Misere: „Wie der ‚Demos' (Volk) in den einzelnen Nationalstaaten Träger der Volkssouveränität ist, kann er auch in einem vereinigten Europa die Grundlage der europäischen Demokratie bilden." Das historische Österreich, aber auch die moderne Schweiz zeigen, wie man aus unterschiedlichen Kultur- und Sprachgemeinschaften ein gemeinsames Bewußtsein und eine – trotz Vielfalt – einheitliche Kultur schaffen kann. – Genau diesen Weg muß ein demokratisches und friedliches Europa gehen.

So kann das „Modell Österreich" (wirtschaftlich, politisch, kulturell) für ganz Europa eine wichtige Rolle spielen. Das bestätigen auch die Experten der „Wiener Deklaration".

Migration setze in der politischen Praxis Legalität, in der angewandten Forschung Heimatwechsel voraus. In dieser Präambel ankern die beiden Begriffspaare:

- Legalität und Illegalität
- Heimatwechsel und Heimatbeharrung

Die Wechselwirkung späterer politischer Probleme resultiert in der Nichtbeachtung der primär- und sekundär-subjektiven Anfangssituation. Als „primär-subjektiv" bezeichnen wir die individuelle Höhe der Migranten-Aktionen (Anpassungsbereitschaft) und als „sekundär-subjektiv" die Inländer Reaktion (Integrationsmöglichkeit), deren sozioökonomischen Elemente nur mehr sekundäre Zuzüge aufweisen.

Wer die „bislang nicht gekannte Komplexität ... der Einwanderungsprobleme", wie es Klaus J. Bade in seinem Beitrag („Auswanderer, Einwanderer, Wanderarbeiter ... Deutsche Erfahrungen in Geschichte und Gegenwart", in: „Zukunftsangst Einwanderung", herausgegeben von Beate Winkler, München 1992) hinterfragt, sollte die Kontinuität der Gegebenheiten konsequent zu ihren Quellen zurückverfolgen.

Schematische Darstellung der Migrations-Ausgangs- und Entwicklungs-Situation

L	IL
HW	HB

L = Legalität
IL = Illegalität
HW = Heimatwechsel
HB = Heimatbeharrung
L-HW = Offener, reibungsloser Ablauf des Migrationsprozesses (Positive Extremvariante)
L-HB = Freiwillige Ghettoisierung; friktionsbeladener Ablauf des Migrationsprozesses (negative Extremvariante)
IL-L-HW = ergänzt den direkten Weg der Migration (IL-HW) (Legalisierungsvariante)
IL-HB = Erzwungene Ghettoisierung (Fremdseinvariante)
IL-L-HB = Psychosoziale Verhärtung (Erstarrungsvariante)

Unsere vier Ausgangselemente können auch als Migrationsform (Legalität-Illegalität) bzw. als Migrationsinhalt (Heimatwechsel, Heimatbeharrung) verstanden werden. Wie man Form und Inhalt voneinander nur schwer trennen kann, so hängen auch unsere vier Elemente auf das engste zusammen, indem sie sich gegenseitig beeinflussen, verstärken, aber auch hemmen.

Politologen differenzieren gerne in der Migrationsforschung. So unterscheidet der Innsbrucker Politologe Dr. Anton Pelinka in bezug auf die „Migration“ zwischen „privilegierten, historisch gewachsenen zwischenstaatlichen Beziehungen“ und einem „geographisch engen Kontext aus Anlaß gesellschaftlicher Konflikte, Unruhen oder Kriege“. („Festung Wien? – Studien über die Integrationsfähigkeit einer Stadt“, präsentiert im Rahmen der Wiener Internationalen Zukunftskonferenz, Wien 1996)

Als Beispiel für die erste, „friedliche“ (?) Form der Migration führt Anton Pelinka die Wanderungen aus dem nordafrikanischen Raum nach Frankreich, bzw. aus Indien nach Großbritannien und für die zweite, „unfriedliche“, die Flüchtlingswellen aus den damaligen „Oststaaten“ nach Österreich an.

Im Gegensatz zu dieser starren Unterscheidung können wir in der sozialanalytischen Migrationsforschung keine divergierenden Trennmerkmale all dieser Migrationsbewegungen erkennen. Abgesehen von einer hauchdünnen Schicht ehemaliger „Kollaborateure“ mit den französischen, englischen oder belgischen Kolonialmächten bedingen immer politische, wirtschaftliche, religiöse Momente die einzelnen Migrationsschübe.

Noch in einem anderen, allerdings nur qualitativ wesentlichen Aspekt unterscheidet sich unsere Forschung von den allgemeinen Ansätzen herkömmlicher Migrationsarbeiten. So nimmt z. B. Anton Pelinka an, daß es keine „weltumspannenden, wahllos, umherirrenden Migranten“ gibt, sondern Wanderung auf Grund spezifischer regionaler Konstellationen entsteht ...“ Als Gegenbeweis können wir die in ganz Europa „nomadisierenden“ Zigeuner erwähnen, die – im Gegensatz zu den einzelnen Sinti- und Roma-Familien – kaum seßhaft werden.

Verfechter der multikulturellen Gesellschaft bagatellisieren gerne die tiefgreifenden kulturellen Unterschiede, deren kompromißlose Beibehaltung jedwede Integration unmöglich macht. Dabei operieren die „Multikulti“-Verfechter gerne mit oberflächlichen Erscheinungsmerkmalen. So auch Anton Pelinka: Es „ist ziemlich gleichgültig, ob jemand eine Wurstsemmel ißt oder ein Kebab; ob jemand Wiener Schnitzel ißt oder Pizza ...“ Pelinka will mit diesen und ähnlichen Beispielen beweisen, daß ein „Kulturbegriff alleine“ keine „Unterschiede zwischen ethnischen Gruppen erklären“ kann. Abgesehen davon, daß die Österreicher selber sehr gerne Kebab und Pizza essen, ist es unzweckmäßig, den Kulturbegriff lediglich auf Kunst und Kulinaria zu reduzieren. Nicht die von der (inländischen) Mehrheit abweichende Eß- und Kunstgewohnheiten erschweren die Integration, sondern die Beibehaltung grundfremder Lebensgewohnheiten und das Negieren jedweder Anpassungsanforderungen. So ist es kein Wunder, daß Pelinka selber die Aussagelosigkeit oberflächlicher Empirien eingestehen muß: „Diese Formen der kulturellen Unterschiede lassen sich zwar empirisch erheben, erklären aber nicht die Funktionsweise und die Möglichkeiten der Politisierung von Konflikten entlang der gesellschaftlichen Bruchlinie Ethnizität."

Vereinfacht formuliert: Die „Bruchlinie" kultureller und politischer Konflikte verläuft immer dort, wo die Ausländer zwar keine Assimilationsbereitschaft zeigen, doch Integrationsmöglichkeiten einfordern. Diese politische Rechnung geht niemals auf!

DIALEKTIK DER INTEGRATION

Die Dialektik der Integration setzt sich aus der These der Migranten und ihrer Integrationsbereitschaft, aus der Antithese der Mehrheitsbevölkerung mit ihrer Integrationsmöglichkeit und aus der Synthese des gesamten Integrationsprozesses zusammen.

Einige Autoren unterscheiden auch zwischen „Humankapital" und „Sozialkapital".

Unter „Humankapital" wird die aus dem Heimatland mitgebrachte Bildungs- und Qualifikationsstruktur und unter „Sozialkapital" die Teilnahme am sozialen Netzwerk bzw. an vorhandenen sozialen Strukturen im Zielland verstanden. Zwischen beiden „Kapital"-Formen besteht ein enger Zusammenhang: Die Höhe (also: Anwendbarkeit) des Humankapitals (wie Bildung und Sprachkenntnisse) bestimmt das

Ausmaß des Sozialkapitals. Bei nicht integrationsbereiten Migranten wird das Sozialkapital in Form eines „Ghetto-Geldes" im sozialen Informationsnetz („Wo lebt man günstiger?" „Wo gibt es höhere Löhne und niedrigere Mieten?") eingesetzt.

Während beide „Kapital"-Formen („Human- und Sozialkapital") auf der Migrationsseite stehen, stellt das Zielland verschiedene Märkte und Strukturen (z. B. Arbeits-, Wohnungsmarkt, Aufnahmebereitschaft usw.) zur Verfügung.

Viele Arbeitsmigranten müssen mit empfindlichen Dequalifizierungen rechnen, da sie ihre, im Heimatland erworbenen und errungenen Positionen im Zielland keineswegs sofort erreichen können. Diese Dequalifizierung betrifft die Migrantenschichten der Akademiker, Maturanten und Facharbeiter.

Seit 1989 (Fall des „Eisernen Vorhanges") ändert sich auch die Situation der Arbeitsmigranten in Österreich. Aus dem Zufluß klassischer Arbeitsmigranten aus Jugoslawien und aus der Türkei in den 60er und 70er Jahren wollen, nebst den eher wenigen Kriegs- und ethnischen Säuberungsflüchtlingen, hauptsächlich Arbeitskräfte aus den Reformstaaten nach Österreich kommen. Bis zur EU-„Osterweiterung" kann die Zahl dieser Arbeitskräfte allerdings klein gehalten werden. Bis dahin bilden Gastarbeiter aus der Türkei und aus Exjugoslawien das Gros der Arbeitsmigranten.

Interessant in diesem Zusammenhang ist ein demographischer Vergleich der Arbeitsmigranten aus der Türkei bzw. Exjugoslawien einerseits und den Österreichern andererseits:

Der Anteil der Männer an der jeweiligen Population: Türkei: 57,7 %, Exjugoslawien: 52,9 % bzw. Österreicher: 48,3 %.

Der Anteil der Menschen im Berufsalter: Türken: 60,2 %, Exjugoslawien: 71,7 % bzw. Österreicher: 62,1 %.

Der Anteil nach dem niedrigsten Bildungsgrad: Türken: 94 %, Exjugoslawen: 92 % bzw. Österreicher: 72 %.

Die individuelle Integration hängt auch von der beruflichen Positionierung ab, wobei österreichische Großbetriebe bessere Karrieremöglichkeiten als kleinere oder mittlere Unternehmen bieten können. Die österreichische Wirtschaft besteht jedoch größtenteils aus Kleinunternehmen; nur 11,4 % aller Betriebe beschäftigen mehr als 500 Arbeitnehmer. Dementsprechend werden nur 12,3 % der Gastarbeiter in Großbetrieben beschäftigt. So wird z. B. der niedrige Aufstieg exjugoslawischer Arbeitskräfte vom Hilfs- zum Facharbeiter (1988: 12 %, 1993: 15 % verständlich. Aus diesem, aber auch aus Gründen des niedrigen „Humankapitals" sind 48 % der Türken und 40 % der Exjugoslawen (zum Vergleich: 5 % der Österreicher) als Hilfsarbeiter tätig; die Zahl der Selbstständigen (Österreich-Durchschnitt: 12 %) beträgt unter den Migranten aus beiden Ländern je 4 Prozent.

Nicht allzu groß ist in Österreich der generationsspezifische berufliche Aufstieg. Obwohl das „Humankapital" (Bildung, Sprachkenntnisse) der zweiten Generation bedeutend höher ist als das ihrer Eltern, können sie kaum nennenswerte berufliche Karriere machen. Diese Tatsache ist in Österreichs nichts Neues, da auch die zweite Generation der böhmisch-mährischen Migranten um die Jahrhundertwende nur eine sehr bescheidene Karriere machen konnte. Aus diesem Grund ermöglicht auch eine längere Aufenthaltsdauer keine nachhaltige berufliche Mobilität. Dazu kommt, daß gar nicht so wenige Beschäftigungsbereiche in Österreich Inländern vorbehalten sind. Die Konsequenz aus diesen Gegebenheiten ist die geringe Durchlässigkeit des Arbeitsmarktes und – gesamtösterreichisch gesehen – der Charakter einer „geschlossenen Gesellschaft" mit einer Tendenz zum Ausschluß der Migranten.

KEIN „NEBENEINANDER IM MITEINANDER“

Zu den am stärksten verpolitisierten Begriffen der Migrationssoziologie zählt die so genannte „Multikulturalität“.

Claudio Magris, der wohl beste Germanist italienischer Zunge und Feder, zitiert in seinem Buch, „Donau – Biografie eines Flusses“, einen denkenden Schreiber aus dem 16. Jahrhundert, der Wien mit seinen unendlich vielen Sprachen, die er hier hört, mit Babel vergleicht. Obwohl man heute in Wien nebst Deutsch heimischer Färbung nur mehr Türkisch, Serbisch und Kroatisch als Migranten-Sprachen hört, darf ich – vordergründig-provokant – beim „Donau“-Beispiel bleiben: Was wäre die Donau ohne ihre Nebenflüsse? Ein besseres Rinnsal. Und was wäre die Donau, wenn die Nebenflüsse statt Wasser nur Öl und Benzin – was leider tatsächlich vorkommt – in die Donau „einfließen“ würden? – Die Antwort und die Möglichkeit einer Ähnlichkeit zwischen „Fluß“ und „Kultur“ darf ich Ihrer Fantasie überlassen.

Wien als Reichs- und Residenzstadt der Monarchie wird zurecht als „Schmelztiegel“ bezeichnet. Diese Funktion erfüllt die Donau-Metropole, die genau genommen gar nicht an der Donau liegt, heute noch, wenn auch in bescheidenem Ausmaß. Wie einst die mährischen, böhmischen und slowakischen Zuwanderer die unteren sozialen Schichten besetzten, erfüllen diese Funktion jetzt die Arbeitsmigranten der Türkei und aus Exjugoslawien. In der zweiten, spätestens in der dritten Generation gehen sie gutteils in der (ost-) österreichischen Gesellschaft auf.

Die Nutzbarmachung multikultureller Einflüsse sollte als gegenseitige kulturelle Bereicherung in einem Gesamtkonnex ablaufen. Diese, in der Theorie wohl und leicht klingende Forderung müßte als Gesamtergebnis eines Prozesses, den ich als „Anpassungsbereitschaft“ und „Integrationsmöglichkeit“ bezeichne, betrachtet werden.

Seit der Zertrümmerung des „Eisernen Vorhanges“ – 1989 – nimmt allerdings die, seitens der Inländer dargebotene „Integrationsmöglichkeit“ rapid ab. Dieser „Schneckenhaus“-Mentalität kann man auch die mehrheitliche Ablehnung einer gemeinsamen Weltausstellung zwischen Wien und Budapest genauso verdanken wie die beträchtliche Zunahme der Freiheitlichen in Wien, die aus der Kommunalwahl 1991 als zweitstärkste Partei hinter den geschwächten Sozialdemokraten hervorgingen. Analog der vorherrschenden Meinung in Österreich, nach der der Integrationseinstieg immer und ausschließlich seitens der Migranten beginnen muß, ist in Österreich das gesamte Fremdenrecht, wie bereits erwähnt, restriktiv aufgebaut. Das Prinzip des „ius sanguinis“ und die Nichtanerkennung der Doppelstaatbürgerschaft gehören genauso dazu, wie das aktive und passive Wahlrecht, das ausschließlich an die österreichische Staatsbürgerschaft gebunden ist.

In seiner grundlegenden Arbeit über „Soziologische Aspekte der Multikulturalität“ weist Prof. Hoffmann-Nowotny im Sammelband „Migration Ethnizität Konflikt“ der Osnabrücker IMIS-Schriftenreihe, zurecht auf den „Vorrang der Analyse vor dem Werturteil“ hin. Genau nach diesem Prinzip – wobei ich an der „Wertfreiheit“ unserer Zunftgenossen zweifle – arbeite auch ich. In seiner Arbeit warnt uns Prof. Hoffmann-Nowotny in diesem Zusammenhang vor dem „trojanischen Pferd der Moralisierung und Sozialromantisierung“.

Dieses „trojanische Pferd“ ist jedoch ein Wunderwerk der Theorie: es galoppiert im Dunstnebel des Soziologen-Lateins auf dem engen Pfad der „political correctness“ – aber das nur leise und sehr nebenbei.

Von „Multikulturalität“ will Prof. Hoffmann-Nowotny „... dann sprechen ... wenn als soziale Aggregate abgrenzbare Mitglieder einer Gesellschaft sich bei der symbolischen Konstruktion von Realität aus je verschiedenen, einander

‚fremden' ‚Wissensvorräten' versorgen, wenn sie je eigene ‚Bedeutungswelten teilen".

Die praktische Umsetzung dieser Definition setzt allerdings „Aggregate" voraus, also Einzelteile, die bereit sind, zusammen zu wachsen, und das ist leider nicht immer und nicht überall der Fall. Auch nicht in Österreich. Während angestammte Minderheiten – nennen wir sie „autochthone Subgemeinschaften" – wie z.B. die Slowenen in Kärnten oder die Kroaten im Burgenland – durchaus „aggregationsbereit" sind, ghettoisieren sich andere, wie die Roma und Sinti in ganz Österreich, oder die aschkenasisch-orthodoxen bzw. die russisch-sephardischen Juden in Wien. Die „Aggregationsbereitschaft" dieser Ghetto-Minderheiten ist außerordentlich gering. Leider tendieren auch die türkischen Gemeinschaften in Wien – im Gegensatz zu Vorarlberg, wo bereits der Tiroler ein „Fremder" ist – zu dieser Art segregativen Minderheiten, wobei in diesen Gemeinschaften das von Prof. Hoffmann-Nowotny eingeforderte „Interdependenzverhältnis" (gegenseitige Abhängigkeit) zur Mehrheitsbevölkerung an der Mauer ihres freiwilligen Ghettos zurückprallt.

Ohne hier eine theoretische Diskussion zu eröffnen, darf ich – aus der Praxis kommend und dorthin auch zurückgehend – die von Prof. Hoffmann-Nowotny eingeforderte „Integration ohne Assimilation", die er „kultur-autonome Integration" nennt, über die österreichische Wirklichkeit stülpen und dabei einer „Integration" zwar „ohne Assimilation", doch mit Anpassung das Wort reden.

Diese gruppenspezifische Art der „Integration auf österreichisch" fußt auf der doppelten Loyalität. Die in Österreich, vor allem in Wien lebenden Ungarn, Nord- und Südslawen praktizieren seit fast zwei Jahrhunderten diese, für alle Beteiligten angenehme und vor allem nützliche Art der Integration … – Sollten wir das Ergebnis dieser Integration „multikulturell" nennen, so habe ich nichts dagegen.

Wie sieht – kurz zusammengefaßt – die multikulturelle Realität in Österreich aus?

Die Verfechter einer österreichischen multikulturellen Mentalität berufen sich gerne auf die zahlreichen Künstler und Wissenschaftler, die aus den einstigen „Kronländern" der Monarchie nach Wien kamen und diese Stadt zu einer geistigen Weltmacht emporpuschten. Aus dieser kulturellen Großtat leiten die Verfechter moderner Multikulturalität eine Art „Willkommensschuld" der Österreicher gegenüber der jetzt im Lande lebenden Ausländern ab.

Der einzige Schönheitsfehler dieser Argumentation ist das Negieren einer soziologischen Selbstverständlichkeit: Anpassungs- und assimilationsbereite Angehörige der A-Schicht fanden und finden in Wien einen für sie hervorragenden „Nährboden". Gegen sie – wenn wir von einem „gemütlichen" Antisemitismus absehen – gab es nie ernsthafte Ausgrenzungstendenzen; hingegen werden auch in Wien die sich selbst ghettoisierenden Migranten abgelehnt.

Die Migrations- und multikulturelle Bereitschaft eines Volkes hängt von seinem Grundcharakter ab. Die Hauptmerkmale des österreichischen Volkscharakters – so vorsichtig wir mit diesem Begriff auch umgehen müssen – sind immer noch gegenreformatorisch-barock. Als logische Konsequenz dieser Mentalität blühte nach dem Ersten Weltkrieg das „deutsche Österreichertum" – wobei unter „deutsch" bayrisch-katholisch und nicht preußisch-protestantisch zu verstehen ist – und nach dem Zweiten Weltkrieg die sowohl deutsch- als auch religionsferne „österreichische Nation" auf.

Die stark unterschiedliche soziologische Topologie (Anordnung gesellschaftlichen Raumes) Österreichs differenziert auch die Eintrittsmöglichkeiten für anpassungswillige Migranten. So unterscheiden wir in Österreich zwischen dem Wiener Raum, der nach Osteuropa orientiert ist; dem Alpen-Adria-Raum Südösterreichs mit einem starken italienisch-slowenischen Bezug und dem alemannisch-westösterreichischen Gebiet mit einer fühlbaren Schweizer Relation. – Während die Integrationsmöglichkeiten im Wiener Becken optimal vorhanden sind, erleben wir im Süden eine mittlere und im Westen eine sehr schwache Integrationsmöglichkeit.

Wie jeder Soziologe, vor allem meine migrationssoziologischen Zunftgenossen, so trete auch ich für ein philosophisches Credo ein: Ich spreche mich – als denkender und nicht nur fühlender – Humanist für ein friedliches Nebeneinander der verschiedenen Ethnien aus und hoffe, daß daraus ein harmonisches Miteinander wird. Entschieden spreche ich mich jedoch gegen ein „Nebeneinander im Miteinander" aus, da diese freiwillige Ghettoisierung sehr viel sozialen Sprengstoff in sich birgt und daher fast immer zu einem Gegeneinander führt!

Wie die „Wiener Deklaration", so spricht sich auch der Migrationsexperte auf dem Würzburger Lehrstuhl, Michael Wollenschläger, für eine objektive Betrachtung des Gesamtthemas aus: „Die soziale Integration der Ausländer stellt eine komplexe Aufgabe dar, die Anforderungen an die hier lebenden Ausländer selbst, an die Politik und an die Gesellschaft stellt. Integration ist eine Aufgabe, die weder bloß den hier lebenden Ausländerinnen und Ausländern obliegt noch allein der aufnehmenden Gesellschaft. Vielmehr muß der Staat die entsprechenden Voraussetzungen schaffen (zum Beispiel Sprachkurse); die Migranten müssen sich aber selbst aktiv am Integrationsprozeß beteiligen."

DIE „MIGRANTEN-MÄRCHEN"

„Fremdenhaß (Xenophobie) und Fremdenliebe (Xenophilie) hängen von mehreren objektiven und subjektiven, individuellen und kollektiven Faktoren ab, die man voneinander nicht trennen kann, die nur in einem generellen Konnex das

Gesamtbild – „Neue Heimat für Fremde“ – ergeben. Dieser generelle Konnex verläuft auf zwei Ebenen:

- Analyse möglichst aller in Frage kommenden Faktoren (Faktorenanalyse)
- Aktionen und Reaktionen der Akteure in spieltheoretischer Relation (Aktionsanalyse)

Beide Ebenen können matrizenartig übereinander gelegt werden und damit der jeweilige Stand („Assimilations- und Integrations-Faktor = ASI-Faktor“) festgestellt werden.

Die Statussicherheit von Ausländern, Asylanten, Minderheiten und Heimatwechslern kann am besten mit dieser zweistufigen Methode untersucht werden. Als Vorbedingung soll die Tatsache festgehalten werden, demnach „Fremdsein“ kein Einbahnerlebnis ist: Nicht nur der Fremde kommt dem Einheimischen als solcher vor, sondern auch umgekehrt: Auch der Fremde erlebt den Einheimischen als „fremd“. Die primäre Aufgabe der Faktorenanalyse ist die Sammlung positiver (+F) und negativer (–F) Faktoren in bezug auf den jeweiligen Personenkreis. Auf diese Weise entsteht ein Faktorenkatalog, bestehend aus Faktoren, die sich positiv oder negativ auf die Migration auswirken (+MF bzw. –MF). Die gleiche Vorgangsweise gilt auch für die Untersuchung der Xenophobie (+XF bzw. –XF). Die Analyse der Xenophilie, da die „Fremdenliebe“ nach gänzlich anderen Regeln als die „Fremdenfeindlichkeit“ bzw. die Statussicherheit abläuft, kann mit diesen Methoden nicht analysiert werden. Die Aktionsanalyse umfaßt verschiedene Untersuchungsmethoden nach Erstellung und Validität des Faktorenbildes. Erst nachdem wir die Hauptgründe von meist zusammenhängenden und sich gegenseitig beeinflussenden Aktionen und Reaktionen kennen, ist es möglich – analog der Spieltheorie bzw. des Psychodramas –, komplexe Reaktionen detailgenau zu verstehen und bei Bedarf Lösungsvorschläge auszuarbeiten. Je feinergliedrig die Aktionsanalyse ausfällt, desto brauchbarer sind die Abbau- und Steuerungsvorschläge für einen optimalen, ausschließlich im demokratischen Rechtsstaat verankerten Migrations- und Integrationsablauf.

Als sichtbare Form und als Beurteilungskriterium unserer komplexen Faktorenanalyse versuchten wir, die zahlenmäßig meßbare Höhe der Integration mit Hilfe des „ASI-Quotienten" (wobei ASI hier für Assimilation und Integration steht) auszudrücken.

Der ASI-Quotient ist die wertmäßig ausgedrückte Stärke des ASI-Faktors. Differenziert auf Selbst- und Fremdbeurteilung konnten wir quantifiziert bei Juden, Türken und Exjugoslawen und qualifiziert auf Grund einer Durchschnitts-Notenskala (1 = „sehr stark bis 5 = „sehr schwach") feststellen.

	Selbstbeurteilung J T Y	Fremdbeurteilung J T Y
Profitorientiert	2 5 3	4 2 3
Österreichbewußt	3 5 2	5 4 4
Traditionsbewußt	2 1 4	2 5 3
Flexibel	1 5 2	5 3 3
Sozial	2 1 2	3 5 4
Sympathisch	2 1 3	3 2 1
Großzügig	2 1 4	2 4 1

Der ASI-Quotient kann auch als Eigenschaftsprofil verstanden werden, indem sowohl die eigenen Merkmale (Selbstbeurteilung) als auch die der anderen (Fremdbeurteilung) zahlenmäßig gut erfaßbar sind. Während wir in den ersten drei Kolonnen der Selbstbeurteilung der unausgesprochenen Behauptung („So sind wir") folgten, haben wir in den zweiten drei Kolonnen (Fremdbeurteilung) den gleichfalls nichtdefinierten Satz („So sind die Österreicher") mit individuellem Inhalt gefüllt. Oder anders formuliert: Wie sehen sich die Migranten selbst und wie erleben sie die Österreicher? Beide Beurteilungsformen (Selbst- wie Fremdbeurteilung) bilden

den emotionalen Untergrund eines generellen Integrationsverhaltens.

Der ASI-Quotient baut, wie erwähnt, auf den hier skizzierten Eigenschaftsprofilen auf und bezieht sich anschließend auf die unterschiedlichsten Positiv- und Negativfaktoren.

„Telefonbuch"-Statistiken zeigen, daß ein nicht wesentlicher Teil der Wiener Bevölkerung aus Böhmen, Mähren, aus der Slowakei und aus Ungarn stammt – die südslawischen und türkischen Telefonbesitzer werden erst in der dritten und vierten Generation entsprechend aufscheinen.

Die Fremdenfeindlichkeit ist ein, wenn auch entscheidender Faktor des gesamten Integrationsprozesses, der das jeweilige Endergebnis des qualitativ motivierten und quantitativ meßbaren Zusammentreffens von Anpassungsbereitschaft (seitens der Ausländer) und Integrationsmöglichkeit (seitens der Inländer) ist.

Das sozialanalytische Rückgrat für den gesamten Assimilations- und Integrationsprozeß („ASI-Faktoren") liefert die Integrationsanalyse (INA). Die theoretisch-angewandte Grundlage für diese Analyse heißt „Anpassungsfähigkeit", die sich aus „Flexibilität" und „Persönlichkeitsstil" zusammensetzt. Die Höhe der Flexibilität und die Stabilität des Persönlichkeitsstils bestimmen den eigentlichen Erfolg der Anpassung:

• Flexibilität ist eine Vorform der Anpassungsfähigkeit, sie ist intuitiv und, als Teil des Charakters, angeboren. Die Anpassungsfähigkeit ist bereits eine „trainierte Flexibilität".

• Persönlichkeitsstil ist eine Mischung aus der Momentaufnahme des Charakters („Persönlichkeit") und dessen Funktion („Stil"). Eine fehlfunktionierende Persönlichkeit wird als „Störung" empfunden und erlebt. „Stil" und „Störung" liegen nicht immer weit auseinander.

• Das Gesamtgebilde der Flexibilität ist, wie schon der Name sagt, flexibel, und so hängen Stil und Störung mit der Flexibilität – auf intuitiver Ebene – mit der Anpassungsfähigkeit – auf kognitiver Ebene – zusammen.

• Persönlichkeitsstil und -störung zeigen uns das charakteristische Muster vom Denken, Fühlen- und Verhalten.

Hier ist ein Umkehrschluß möglich, da diese drei Bereiche (Denken, Fühlen, Verhalten) Stil und Störung der Persönlichkeit und auch die Anpassungsfähigkeit (mit-)bestimmen. Wie auch in allen anderen Bereichen unserer Psyche, erleben wir auch hier eine gegenseitige Beeinflussung. – So heißt die Konklusion: Kontinuität statt Kausalität.

Diese Kontinuität stellt die lineare Entwicklung von den Anfängen der Assimilation bis hin zur vollzogenen Integration. Gänzlich können wir allerdings auf die Kausalität nicht verzichten; im sekundären Bereich beeinflußt sehr wohl die Ursächlichkeit die Kontinuität „Assimilation-Integration". Im negativen Fall, wenn es den Assimilanten nicht gelingt, die gesamte Entwicklung – bis hin zur vollzogenen Integration – zu durchlaufen, können kausale Effekte, wie z. B. die religiöse Tradition bei türkischen Gastarbeitern, oder das Auffliegen nazistischer Greueltaten für jüdische Kreise, den Integrationsprozeß hemmen, vollends stoppen, oder sogar rückwirkend zunichte machen.

DIE „EDELGASTARBEITER"

Ein Gutteil des qualitativ hochwertigen Integrationsprozesses steht als Wirkung der zu erwartenden EU-Erweiterung unter gänzlich neuen Voraussetzungen. Zwar werden – und das nicht nur aus humanitären Gründen – in Österreich und in Deutschland die türkischen und die exjugoslawischen Gastarbeiter nicht gegen ungarische, tschechische und polnische ausgetauscht, doch können wir mit einem neuen, zeitlich begrenzten Migrationsstrom aus diesen ehemaligen COMECON-Ländern rechnen.

Der Anfang greift – geographisch – jedoch weit in die Ferne. Aus dem Fernen Osten holen deutsche Arbeitgeber EDV-Fachleute, da die eigenen fehlen. Vor allem Indien ist dank der kolonialen Erziehung Englands in der Lage, gutausgebildete Fachkräfte zu exportieren.

Diese „Edelgastarbeiter" stellen auch den bisher bekannten Integrationsprozeß auf den Kopf: Es erfolgt eine umgekehrte Integration. Die aus der ganzen Welt – vorläufig aus Indien und aus dem Fernen Osten – nach Deutschland (und später sicherlich auch nach Österreich) geholten EDV-Fachkräfte bedingen eine technisch-intellektuelle Anpassung der „Inländer" an die „Ausländer". Während die exjugoslawischen, wenn auch keineswegs die türkischen Gastarbeiter so manche schlecht bis schwach ausgebildeten Österreicher nach unten nivellierten, erfolgt hier eine Erhöhung der „Inländer" nach „oben".

Die Nivellierung nach unten wirkte – und das ist ein bisher unbekanntes sozialpsychologisches Phänomen – sekundär-integrativ: Heimische, mangelhaft ausgebildete, lediglich angelernte Arbeiter tauschten mit den exjugoslawischen, aufstrebenden, intelligenten und schnell lernenden Arbeitskräften „Platz". Daß dieses ungute Phänomen die Ausländerfeindlichkeit schürt, sei nur nebenbei erwähnt und entschuldigt keineswegs die Xenophobie.

Die „Edelgastarbeiter" bewirken, wie gesagt, einen umgekehrten Prozeß. Diese „höhere Form" der technisch-intellektuellen Integration entspricht den neuesten Gesetzen der Globalisierung. Diese intellektuell wie fachlich gut ausgebildeten „Migranten" kommen nur für eine bestimmte Zeit in ihre Zielländer (Österreich, Deutschland). Während die in den 60er und 70er Jahren angeworbenen türkischen und jugoslawischen Gastarbeiter ursprünglich auch nur für eine bestimmte Zeit ihre Heimat verlassen haben und sich erst später – angesichts des Wohlstandes und des Friedens in Österreich und Deutschland – für das Dauerhafte entschlossen haben, suchen die „Edelgastarbeiter“ unserer Zeit keine neue Heimat.

Noch ein entgegengesetztes Phänomen. Die türkischen und exjugoslawischen Gastarbeiter mußten – notgedrungen – Deutsch lernen, die inländischen Kollegen der „Edelgastarbeiter“ werden gezwungen, die Sprache dieser „Neumigranten“ (Englisch) nicht nur zu erlernen, sondern mit ihr auch zu arbeiten.

Die „Edelgastarbeiter“ beeinflussen – obwohl sie nicht an einen Heimatwechsel denken – die „inländische“ Gesellschaft nachhaltig, indem sich diese an die Gesetze der Globalisierung anpassen müssen; und genau diese Gesetze vertreten und vermitteln die „Edelgastarbeiter“ aus Indien und aus den Ländern des Fernen Osten Asiens.

Anmerkungen

1 „Kurier", 18.4.1999
2 „Kurier", 18.4.1999
3 „Die Presse", 26.4.1999
4 „Der Standard", 14.1.2000
5 „Der Standard", 14.1.2000
6 „Die Presse", 18.4.1998
7 „Die Presse", 7.5.1998
8 „Die Presse", 10.4.1999
9 „profil", 22.6.1998
10 „profil", 22.6.1998
11 „Die Presse", 13.7.1998
12 „Neubauer Rundschau", 2/98
13 Brigitte Suchan in: „Wiener Zeitung", 22.5.1998
14 „Der Standard", 8.7.1999
15 „Die Presse", 29.1.2000
16 „Die Presse", 29.1.2000
17 „Die Furche", 3.12.1998
18 „Herder Korrespondenz", 5/99
19 „Format", 18/99
20 „Format", 18/99
21 „Wiener Zeitung", 29.11.1999
22 „profil", 17/1999
23 „Der Standard", 24.11.1999
24 „Die Presse", 2.4.1998
25 „Die Presse", 31.1.2000
26 „Die Presse", 31.1.2000
27 Anita Csenar: „Das literarische Werk Augustin Blazovichs", Diplomarbeit, „Pannonia"
28 „Die Presse", 5.7.1999
29 „Die Presse", 5.7.1999
30 „Wiener Zeitung", 9.7.1998
31 „Zur Zeit", Nr. 35/98
32 „Der Standard", 17.7.1997
33 „Wiener Journal", Februar 2000
34 „Wiener Journal", a.a.O.
35 Walter Strobl, in: „Wiener Journal", a.a.O.
36 „Die Presse", 12.2.2000
37 Kay Hailbronner, in: „Frankfurter Allgemeine Zeitung", 20.1.1999
38 „Die Zeit", Nr. 48/1998
39 „Die Zeit", a.a.O.

40 „Die Zeit“, a. a. O.
41 „Die Zeit“, a. a. O.
42 „Die Zeit“, a. a. O.
43 Zitiert in: Jörg Schönbohm: „Nation und Integration“, „Berliner Morgenpost“, 30. 8. 1998
44 Jörg Schönbohm, a. a. O.
45 Jörg Schönbohm, a. a. O.
46 Jörg Schönbom: „Warum Deutschland kein Einwanderungsland sein kann“, in: „Die Welt“, 29. 8. 1998
47 „Conturen“, 2/99
48 „Die Presse“, 7. 12. 1998
49 „Die Presse“, 13. 8. 1998
50 Zitiert aus: Valeria Heuberger, Arnold Suppan, Elisabeth Vyslozil (Hg.): „Das Bild des anderen“, Frankfurt/Main, 1998
51 Heuberger: a. a. O.
52 Arnold Suppan, in: Heuberger: a. a. O.
53 Arnold Suppan: a. a. O.
54 Arnold Suppan: a. a. O.
55 Peter Stiegnitz: „Lüge – Salz des Lebens“, Wien 1997
56 Stiegnitz: „Die Märtyrer-Wärter“, Wien 1995
57 Arnold Suppan: a. a. O.
58 Arnold Suppan: a. a. O.
59 Hermann Bausinger: „Sterotyp und Wirklichkeit“, in: „Jahrbuch für Deutsch als Fremdsprache“, 14. 1. 1998, S. 160.
60 Gerald Braun/Angelina Topon: „Internationale Migration“, Konrad-Adenauer-Stiftung, Sankt Augustin, 1998
61 G. Braun/A. Topon: a. a. O.
62 D. Meissner: „Internationale Migration“, Bonn 1993
63 Braun/Topon: a. a. O.
64 Michael John, Albert Lichtblau: „Schmelztiegel Wien – einst und jetzt“, Wien–Köln, 1990
65 Beatrix Hoffmann-Holter: „Jüdische Kriegsflüchtlinge in Wien“, in: Gernot Heiss/Oliver Rathkolb: „Asylland wider Willen – Flüchtlinge in Österreich im europäischen Kontext seit 1914“, Wien, 1995
66 Margarete Grandner: „Staatsbürger und Ausländer. Zum Umgang Österreichs mit den jüdischen Flüchtlingen nach 1918“, in: Heiss/Rathkolb a. a. O.
67 Paul Grosz in: „Wiener Zeitung“, 24. 7. 1992
68 Heiss/Rathkolb: a. a. O.
69 Angela Riedmann: „Interethnische Beziehungen und Fremdzuschreibung – Eine ethnologische Untersuchung am Wiener Mexikoplatz“, in: „SWS-Rundschau“ 4/94

70 Christoph Antweiler: „Eigenbilder, Fremdbilder, Naturbilder“, in: „Anthropos“ 89
71 Angela Riedmann: a. a. O.
72 Angela Riedmann: a. a. O.
73 Angela Riedmann: a. a. O.
74 Johanna Stigler: „Wahlheimat Wien“, Wien 1993
75 Angela Riedmann: a. a. O.
76 Gerald Hammer: „Lebensbedingungen ausländischer Staatsbürger in Österreich“, in: „Statistische Nachrichten“ 11/1994
77 Gerald Hammer: a. a. O.
78 Gerald Hammer: a. a. O.
79 Gerald Hammer: a. a. O.
80 Siehe dazu: Peter Stiegnitz: „Die Neuen – Ausländer-Assimilation in Österreich“; Wien 1994
81 Katrin Bischl: „Wer ist ausländerfeindlich?“, in: „Psychologie heute“, 9/99
82 Katrin Bischl: a. a. O.
83 „Die Presse“, 27. 11. 1999
84 „Wiener Zeitung“, 16. 2. 1999
85 „profil“, 13. 12. 1999
86 „Österreichmagazin“ 10/1999
87 World Media Network
88 „Die Presse“ 23. 10. 1999
89 „Die Presse“ 10. 2. 1999

Namensregister